Orações do cristão

Orações do cristão

QUADRANTE

Orações do cristão
12ª edição — 2025

Direção geral
Renata Ferlin Sugai

Direção de aquisição
Hugo Langone

Direção editorial
Felipe Denardi

Produção editorial
Juliana Amato
Sérgio Ramalho
Oscar Solarte

Capa & diagramação
Gabriela Haeitmann e Karine Santos

Dados Internacionais de Catalogação na Publicação (CIP)

Orações do cristão — 12ª edição – São Paulo, SP: Quadrante Editora, 2025.

ISBN 978-85-54991-73-9 (brochura)
ISBN 978-85-7465-880-3 (capa dura)

1. Igreja Católica – Livros de oração e devoções 2. Orações

01-5028 CDD 242.8

Índices para catálogo sistemático:

1. Orações : Literatura devocional 242.8

Todos os direitos reservados a QUADRANTE EDITORA
Rua Bernardo da Veiga, 47 | Tel.: 3873-2270
CEP 01252-020 | São Paulo - SP
atendimento@quadrante.com.br | www.quadrante.com.br

SUMÁRIO

ORAÇÕES DE SEMPRE

Sinal da Cruz

Pelo sinal † da Santa Cruz, livrai-nos Deus, † Nosso Senhor, dos nossos † inimigos. Em nome do Pai, e do Filho, † e do Espírito Santo. Amém.

Signum Crucis

Per signum † Crucis de inimícis nostris líbera nos † Deus noster. In nómine Patris, † et Fílii, et Spíritus Sancti.

Pai-Nosso

Pai nosso que estais nos céus, santificado seja o vosso nome; venha a nós o vosso reino, seja feita a vossa vontade assim na terra como no céu.

O pão nosso de cada dia nos dai hoje; perdoai-nos as nossas ofensas assim como nós perdoamos a quem nos tem ofendido, e não nos deixeis cair em tentação, mas livrai-nos do mal. Amém.

Pater Noster

Pater Noster, qui es in caelis, sanctificétur nomen tuum, advéniat regnum tuum, fiat voluntas tua, sicut in caelo, et in terra.

Panem nostrum quotidiánum da nobis hódie, et dimítte nobis débita nostra, sicut et nos dimíttimus debitóribus nostris. Et ne nos indúcas in tentatiónem. Sed líbera nos a malo. Amen.

Ave-Maria

Ave, Maria, cheia de graça, o Senhor é convosco, bendita sois Vós entre as mulheres e bendito é o fruto do vosso ventre, Jesus.

Santa Maria, Mãe de Deus, rogai por nós, pecadores, agora e na hora da nossa morte. Amém.

Ave-Maria

Ave, María, grátia plena, Dóminus tecum, benedícta tu in muliéribus, et benedictus fructus ventris tui Jesus.

Sancta María, Mater Dei, ora pro nobis peccatóribus, nunc et in hora mortis nostrae. Amen.

Glória ao Pai

Glória ao Pai, ao Filho e ao Espírito Santo. Como era no princípio, agora e sempre. Amém.

Gloria Patri

Glória Patri et Fílio et Spirítui Sancto. Sicut erat in princípio, et nunc et semper et in saecula saeculórum. Amen.

Ato de contrição

Senhor meu Jesus Cristo, Deus e homem verdadeiro, Criador e Redentor meu, por serdes Vós quem sois, sumamente bom e digno de ser amado sobre todas as coisas, e porque Vos amo e estimo, pesa-me, Senhor, de todo o meu coração, de Vos ter ofendido; pesa-me, também, de ter perdido o céu e merecido o Inferno; e proponho-me firmemente, ajudado com o auxílio da vossa divina graça, emendar-me e nunca mais Vos tornar a ofender. Espero alcançar o perdão de minhas culpas pela vossa infinita misericórdia. Amém.

ou:

Meu Deus, tenho muita pena de ter pecado, pois mereci ser castigado e ofendi a Vós, meu Pai e meu Salvador. Perdoai-me, Senhor. Não quero mais pecar.

Ato penitencial

Confesso a Deus todo-poderoso, e a vós, irmãos e irmãs, que pequei muitas vezes, por pensamentos e palavras, atos e omissões, por minha culpa, minha tão grande culpa. E peço à Virgem Maria, aos anjos e santos, e a vós, irmãos e irmãs, que rogueis por mim a Deus Nosso Senhor.

Confiteor Deo

Confíteor Deo omnipoténti, et vobis, fratres: quia peccávi nimis cogitatióne, verbo, ópere et omissióne. Mea culpa, mea culpa, mea máxima culpa. Ídeo precor beatam Maríam semper Vírginem, omnes Ángelos et Sanctos, et vos, fratres, oráre pro me ad Dóminum Deum nostrum.

Credo Apostólico

Creio em Deus Pai todo-poderoso, criador do céu e da terra; e em Jesus Cristo, seu único Filho, Nosso Senhor; que foi concebido pelo poder do Espírito Santo; nasceu da Virgem Maria,

Symbolum Apostolórum

Credo in Deum, Patrem omnipoténtem, Creatórem caeli et terrae. Et in Jesum Christum, Filium eius únicum, Dóminùm nostrum: qui concéptus est de Spíritu Sancto, natus ex María Virgine, passus

padeceu sob Pôncio Pilatos, foi crucificado, morto e sepultado; desceu à mansão dos mortos; ressuscitou ao terceiro dia; subiu aos céus, está sentado à direita de Deus Pai todo-poderoso, donde há de vir a julgar os vivos e os mortos; creio no Espírito Santo, na santa Igreja Católica, na comunhão dos santos, na remissão dos pecados, na ressurreição da carne, na vida eterna. Amém.

Credo niceno-constantinopolitano

Creio em um só Deus, Pai todo-poderoso, Criador do céu e da terra, de todas as coisas visíveis e invisíveis. Creio em um só Senhor, Jesus Cristo, Filho Unigênito de Deus, nascido do Pai antes de todos os séculos: Deus de Deus, Luz da Luz, Deus verdadeiro de Deus verdadeiro; gerado, não criado,

sub Pontio Piláto; crucifíxus, mórtuus, et sepúltus; descéndit ad ínferos; tértia die resurréxit a mórtuis; ascéndit ad caelos; sedet ad déxteram Dei Patris omnipoténtis: inde ventúrus est judicare vivos et mórtuos. Credo in Spiritum Sanctum, sanctam Ecclésiam Cathólicam, Sanctórum communionem, remissiónem peccatórum, carnis resurrectiónem, vitam aetérnam. Amen.

Symbolum Nicenum-Constantinopolitanum

Credo in unum Deum, Patrem omnipoténtem, factórem caeli et terrae, visibílium ómnium et invisibílium. Et in unum Dóminum Iesum Christum, Fílium Dei unigénitum et ex Patre natum ante ómnia saecula: Deum de Deo, Lumen de Lúmine, Deum verum de Deo vero, génitum, non factum, consubstantiálem

consubstancial ao Pai. Por Ele todas as coisas foram feitas, e por nós, homens, e para nossa salvação, desceu dos céus, e se encarnou pelo Espírito Santo, no seio da Virgem Maria, e se fez homem. Também por nós foi crucificado sob Pôncio Pilatos, padeceu e foi sepultado. Ressuscitou ao terceiro dia, conforme as Escrituras, e subiu aos céus, onde está sentado à direita do Pai, e de novo há de vir em sua glória, para julgar os vivos e os mortos, e o seu reino não terá fim. Creio no Espírito Santo, Senhor que dá a vida, e procede do Pai e do Filho, e com o Pai e o Filho é adorado e glorificado: Ele que falou pelos Profetas. Creio na Igreja, una, santa, católica e apostólica. Professo um só batismo para remissão dos pecados. E espero a ressurreição dos mortos, e a vida do mundo que há de vir. Amém.

Patri: per quem ómnia facta sunt; qui propter nos hómines et propter nostram salútem, descéndit de caelis, et incarnátus est de Spíritu Sancto ex Maria Vírgine et homo factus est; crucifíxus etiam pro nobis sub Póntio Piláto, passus et sepúltus est, et resurréxit tértia die secúndum Scriptúras, et ascéndit in caelum, sedet ad déxteram Patris, et íterum ventúrus est cum glória, iudicáre vivos et mórtuos, cuius regni non erit finis. Et in Spíritum Sanctum, Dóminum et vivificántem, qui ex Patre Filióque procédit, qui cum Patre et Fílio simul adorátur et conglorificátur, qui locútus est per Prophétas. Et unam sanctam cathólicam et apostólicam Ecclésiam. Confíteor unum Baptísma in remissiónem peccatórum. Et exspécto resurrectiónem mortuórum, et vitam ventúri saeculi. Amen.

Glória

Glória a Deus nas alturas, e paz na terra aos homens por ele amados. Senhor Deus, rei dos céus, Deus Pai todo--poderoso: nós Vos louvamos, nós Vos bendizemos, nós Vos adoramos, nós Vos glorificamos, nós Vos damos graças por vossa imensa glória. Senhor Jesus Cristo, Filho Unigênito, Senhor Deus, Cordeiro de Deus, Filho de Deus Pai: Vós que tirais o pecado do mundo, tende piedade de nós. Vós que tirais o pecado do mundo, acolhei a nossa súplica. Vós que estais à direita do Pai, tende piedade de nós. Só Vós sois o Santo, só Vós o Senhor, só Vós o Altíssimo, Jesus Cristo, com o Espírito Santo, na glória de Deus Pai. Amém.

Gloria

Glória in excélsis Deo, et in terra pax homínibus bonae voluntátis, laudámus te, benedícimus te, adorámus te, glorificámus te, grátias ágimus tibi propter magnam glóriam tuam. Dómine Deus, Rex caeléstis Deus Pater omnípotens, Dómine Fili Unigénite, Iesu Christe, Dómine Deus, Agnus Dei, Fílius Patris. Qui tollis peccáta mundi, miserére nobis Qui tollis peccáta mundi, súscipe deprecatiónem mostram, Qui sedes ad déxteram Patris, miserére nobis, Quóniam tu solus Sanctus, Tu solus Dóminus, Tu solus Altíssimus Iesu Christe, Cum Sancto Spíritu, In glória Dei Patris. Amen.

Salve-Rainha

Salve, Rainha, Mãe de misericórdia, vida, doçura, esperança nossa, salve! A Vós bradamos, os degredados filhos de Eva. A Vós suspiramos, gemendo e chorando neste vale de lágrimas. Eia, pois, advogada nossa, esses vossos olhos misericordiosos a nós volvei, e depois deste desterro, mostrai-nos Jesus, bendito fruto do vosso ventre. Ó clemente, ó piedosa, ó doce e sempre Virgem Maria.

℣. Rogai por nós, Santa Mãe de Deus.

℟. Para que sejamos dignos das promessas de Cristo.

Salve Regina

Salve, Regina, Mater misericordiae, vita, dulcédo et spes nostra, salve. Ad te clamamus, éxsules filii Evae. Ad te suspirámus geméntes et flentes in hac lacrimárum valle. Eia ergo, advocáta nostra, illos tuos misericórdes óculos ad nos convérte. Et Jesum, benedíctum fructum Ventris tui, nobis, post hoc exsílium, osténde. O clemens, o pia, o dulcis Virgo María!

℣. Ora pro nobis, sancta Dei Génitrix.

℟. Ut digni efficiámur promissiónibus Christi.

ORAÇÕES DA MANHÃ

Oferecimento do dia

Eu Vos adoro, meu Deus, e Vos amo de todo o coração. Dou-Vos graças por me terdes criado, feito cristão e conservado nesta noite. Ofereço-Vos as ações deste dia; fazei que sejam todas segundo a vossa santa vontade, para maior glória vossa. Preservai-me do pecado e de todo o mal. A vossa graça seja sempre comigo e com todos os que me são caros. Amém.

ou:

Todos os meus pensamentos, todas as minhas palavras, e as obras todas deste dia, eu Vos ofereço, Senhor, e a minha vida inteira por amor.

À Santíssima Virgem

Ó Senhora minha, ó minha Mãe! Eu me ofereço todo a Vós, e, em prova da minha devoção para convosco, Vos consagro neste dia meus olhos, meus ouvidos, minha boca, meu coração e inteiramente todo o meu ser. E como

Ó Domina Mea

O Domina mea! O Mater mea! Tibi me totum offero, atque, ut me tibi probem devotum, consecro tibi hodie oculos meos, aures meas, os meum, cor meum, plane me totum. Quoniam itaque tuus sum, o bona Mater, serva me,

assim sou vosso, ó boa Mãe, guardai-me e defendei-me como coisa e propriedade vossa. Amém.

defende me ut rem ac possessionem tuam. Amen.

Ao Anjo da Guarda

Santo Anjo do Senhor, meu zeloso guardador, se a ti me confiou a piedade divina, sempre me rege e guarda, governa e ilumina. Amém.

Angele Dei

Angele Dei, qui custos es mei, me tibi commíssum pietáte supérna, illúmina, custódi, rege et gubérna. Amen.

Intenção para ganhar indulgências

Ver nas páginas 137 e segs. as condições em que se podem ganhar indulgências e as principais obras indulgenciadas.

Tenho intenção e desejo de ganhar hoje todas as indulgências de que possa ser capaz, e as ofereço em satisfação dos meus pecados e em sufrágio pelas almas do Purgatório, especialmente as mais abandonadas.

ORAÇÕES DO MEIO-DIA

Anjo do Senhor

℣. O Anjo do Senhor anunciou a Maria.
℟. E Ela concebeu do Espírito Santo.
Ave-Maria.

℣. Eis aqui a escrava do Senhor.
℟. Faça-se em mim segundo a vossa palavra.
Ave-Maria.

℣. E o Verbo se fez carne.
℟. E habitou entre nós.
Ave-Maria.

℣. Rogai por nós, Santa Mãe de Deus.
℟. Para que sejamos dignos das promessas de Cristo.

Ângelus

℣. Angelus Domini nuntiavit Mariae.
℟. Et concepit de Spiritu Sancto.
Ave Maria.

℣. Ecce ancilla Domini.
℟. Fiat mihi secundum verbum tuum.
Ave Maria.

℣. Et Verbum caro factum est.
℟. Et habitavit in nobis.
Ave Maria.

℣. Ora pro nobis, sancta Dei Génitrix.
℟. Ut digni efficiámur promissiónibus Christi.

Oremos. Infundi, Senhor, nós Vos pedimos, em nossas almas a vossa graça, para que nós, que conhecemos pela Anunciação do Anjo a Encarnação de Jesus Cristo, vosso Filho, cheguemos por sua Paixão e sua Cruz à glória da Ressurreição. Pelo mesmo Jesus Cristo, Senhor Nosso. Amém.

Oremus. Grátiam túam, quaésumus, Dómine, méntibus nóstris infúnde; ut qui, Ángelo nuntiánte, Chrísti Fílii túi incarnatiónem cognóvimus, per passiónem éius et crúcem, ad resurrectiónis glóriam perdúcamur. Per éumdem Chrístum Dóminum nóstrum.
Amen.

Rainha do Céu

Reza-se no Tempo Pascal, do domingo de Páscoa até o domingo de Pentecostes.

℣. Rainha do céu, alegrai-Vos, aleluia.

℟. Porque quem merecestes trazer em vosso seio, aleluia.

℣. Ressuscitou como disse, aleluia.

℟. Rogai a Deus por nós, aleluia.

℣. Exultai e alegrai-vos, ó Virgem Maria, aleluia.

℟. Porque o Senhor ressuscitou verdadeiramente, aleluia.

Regina Coeli

℣. Regína caeli, laetáre, allelúia!

℟. Quia quem meruísti portáre, allelúia!

℣. Resurréxit, sicut dixit, allelúia!

R. Ora pro nobis Deum, allelúia!

℣. Gaude et laetáre, Virgo Maria, allelúia!

℟. Quia surréxit Dóminus vere, allelúia!

Oremos. Ó Deus, que Vos dignastes alegrar o mundo com a Ressurreição do vosso Filho Jesus Cristo, Senhor Nosso, concedei-nos, Vos suplicamos, que por sua Mãe, a Virgem Maria, alcancemos as alegrias da vida eterna. Por Cristo, Senhor Nosso. Amém.

Oremus. Deus, qui per resurrectiónem Fílii tui, Dómini nostri Iesu Christi, mundum laetíficáre dignátus es, praesta, quaesumus, ut, per eius Genetrícem Vírginem Maríam, perpétuae capiámus gáudia vitae. Per eúmdem Christum Dóminum nostrum. Amen.

ORAÇÕES DA NOITE

Ação de graças

Eu Vos adoro, meu Deus, e Vos amo de todo o coração. Dou-Vos graças por me terdes criado, feito cristão e conservado neste dia. Perdoai-me as faltas que hoje cometi e, se fiz algum bem, aceitai-o. Guardai-me durante o repouso e livrai-me dos perigos. A vossa graça seja sempre comigo e com todos os que me são caros. Amém.

Exame de consciência

Ato de presença de Deus

Meu Deus, dai-me luz para conhecer os pecados que hoje cometi, as suas causas e os meios de os evitar.

Deveres para com deus

Comecei o dia oferecendo a Deus todos os meus pensamentos, palavras e ações? Fiz algumas outras orações durante o dia: agradecendo, pedindo, oferecendo a Deus o trabalho bem feito, aceitando com fé os sofrimentos e contrariedades, etc.? Nos domingos e festas de guarda, cumpri o preceito de assistir à Santa Missa? Evitei comentários negativos sobre assuntos ou pessoas relacionadas com a Igreja? Caí em alguma prática supersticiosa? Fiz alguns pequenos sacrifícios no comer, no beber, nas conversas, na guarda da vista pela rua?

Deveres para com o próximo

Tratei os outros com falta de compreensão e de paciência? Manifestei-lhes aversão, desprezo ou irritação? Tive inveja? Falei mal da vida alheia, divulgando defeitos ou pecados dos outros? Fui egoísta, pensando só nas atenções que os outros deveriam dar-me, e esquecendo-me de ser prestativo, generoso e dedicado? Admiti sentimentos de ódio, rancor ou vingança? Magoei alguém com brincadeiras e comentários humilhantes? Fiz o possível por auxiliar os que precisavam de uma ajuda material ou espiritual, sobretudo no trabalho e em casa? Rezei pelos outros e procurei aproximar algum amigo de Deus?

Deveres para comigo

Esforcei-me por melhorar hoje em alguma virtude? Procurei cumprir com perfeição os meus deveres familiares e profissionais, sem cair na preguiça, no desleixo, no adiamento? Consenti em pensamentos, palavras ou atos de orgulho, vaidade, preguiça, sensualidade ou avareza? Deixei-me arrastar pela curiosidade sensual e por desejos impuros? Fui pouco sincero? Cheguei a mentir? Dediquei algum tempo a práticas cristãs, como a meditação, a leitura do Evangelho, o Terço, a visita a Jesus Sacramentado numa igreja, etc.? Recorri à intercessão de Nossa Senhora, em minhas necessidades espirituais e materiais?

Ato de contrição

Meu Deus, porque sois infinitamente bom, tenho muita pena de Vos ter ofendido. Ajudai-me a não tornar a pecar.

À Sagrada Família

Jesus, Maria e José, modelos perfeitíssimos de recolhimento, caridade e humildade, alcançai-nos a graça de imitarmos as sublimes virtudes que praticastes na terra e dignai-Vos proteger a todos nós, que agora prostrados na vossa presença imploramos o vosso patrocínio. Lembrai-vos, ó Jesus, Maria e José, de que somos inteiramente vossos; defendei-nos, pois, de todo e qualquer perigo, socorrei-nos em nossas necessidades e dai-nos graças para nos mantermos constantemente na imitação da vossa santa Família, a fim de que, servindo-Vos fielmente na terra, possamos depois bendizer-Vos por toda a eternidade no céu. Amém.

ORAÇÕES DIVERSAS

Ato de Fé

Eu creio firmemente que há um só Deus, em três Pessoas realmente distintas, Pai, Filho e Espírito Santo; que dá o céu aos bons e o inferno aos maus para sempre. Creio que o Filho de Deus se fez homem e morreu na Cruz para nos salvar, e que ao terceiro dia ressuscitou. Creio tudo o mais que crê e ensina a Santa Igreja Católica, Apostólica, Romana, porque Deus, verdade infalível, lho revelou. E nesta crença quero viver e morrer.

Ato de Esperança

Eu espero, meu Deus, com firme confiança, que pelos merecimentos do meu Senhor Jesus Cristo me dareis a salvação eterna e as graças necessárias para consegui-la, porque Vós, sumamente bom e poderoso, o haveis prometido a quem observar fielmente os vossos mandamentos, como eu me proponho fazer com o vosso auxílio.

Ato de Caridade

Eu Vos amo, meu Deus, de todo o meu coração e sobre todas as coisas, porque sois infinitamente bom e amável, e antes quero perder tudo do que Vos ofender. Por amor de Vós amo o meu próximo como a mim mesmo.

Ao Espírito Santo

Vinde, Espírito Santo, enchei os corações dos vossos fiéis e acendei neles o fogo do vosso amor.

℣. Enviai o vosso Espírito e serão criados.
℟. E renovareis a face da terra.

Oremos. Ó Deus, que instruístes os corações dos fiéis com a luz do Espírito Santo, concedei-nos amar, no mesmo Espírito, o que é reto, e gozar sempre a sua consolação. Por Jesus Cristo, Nosso Senhor. Amém.

Veni, Sancte Spíritus

Veni, Sancte Spíritus, reple tuórum corda fidélium, et tu amóris in eis ignem accénde.

℣. Emítte Spíritum tuum et creabúntur.
℟. Et renovábis faciem terrae.

Oremus. Deus, qui corda fidélium Sancti Spíritus illustratióne docuisti da nobis in eódem Spíritu recta sápere, et de eius semper consolatióne gaudére. Per Christum Dóminum nostrum. Amen.

Lembrai-Vos

Lembrai-Vos, ó piíssima Virgem Maria, de que nunca se ouviu dizer que algum daqueles que tivesse recorrido à vossa proteção, implorado a vossa assistência, reclamado o vosso socorro, fosse por Vós desamparado. Animado eu, pois, com igual confiança, a vós, Virgem das virgens, como a Mãe recorro; de Vós me valho e, gemendo sob o peso dos meus pecados, me prostro a vossos pés. Não desprezeis as minhas súplicas, ó Mãe do Filho de Deus humanado, mas dignai-Vos de as ouvir propícia e de me alcançar o que Vos rogo. Amém. (*Peça-se*).

Memorare

Memorare, o piisima Virgo Maria, non esse auditum a saeculo, quemquam ad tua currentem praesidia, tua implorantem auxilia, tua petentem suffragia esse derelicta. Nos tali animati confidentia ad te, Virgo Virginum, Mater, currimus; ad te venimus; coram te gementes peccatores assistimus. Noli, Mater Verbi, verba nostra despicere, sed audi propitia et exaudi. Amen.

A Nossa Senhora Aparecida

Ó Virgem Maria, abençoada sois Vós pelo Senhor Deus Altíssimo entre todas as mulheres da terra. Vós sois a glória de Jerusalém, Vós a alegria de Israel, Vós a honra do nosso povo. Salve, ó Virgem, honra da nossa terra, a quem rendemos um culto de piedade e veneração, a quem chamamos com o belo nome de Aparecida. Quem poderia contar, ó doce Mãe, quantas graças, durante tantos anos, Vós dispensastes ao povo brasileiro, compadecida dos nossos males? Quisemos cingir a vossa cabeça sagrada com uma coroa de ouro, que Vos é devida por tantos títulos: continuai a dobrar-vos benignamente às nossas preces. Quando erguemos aos céus as nossas mãos suplicantes, ouvi clemente os nossos rogos, ó Virgem; conservai as nossas almas afastadas da culpa e, por fim, conduzi-nos ao céu. Salvação, honra e poder Àquele que, uno e trino, nos fulgores do seu trono celeste, governa e rege todo o universo.

Bendita seja a tua pureza

Bendita seja tua pureza e eternamente o seja, pois todo um Deus se recreia em tão graciosa beleza. A ti, celestial Princesa, Virgem Sagrada Maria, ofereço neste dia alma, vida e coração. Olhai-me com compaixão, não me deixes, minha Mãe.

A São José

Oração para santificar o trabalho.

Ó glorioso São José, modelo de todos os que se consagram ao trabalho! Alcançai-me a graça de trabalhar com espírito de penitência, em expiação dos meus pecados; de trabalhar com consciência, pondo o cumprimento do meu dever acima das minhas naturais inclinações; de trabalhar com agradecimento e alegria, olhando como uma honra o poder de desenvolver por meio do trabalho os dons recebidos de Deus. Alcançai-me a graça de trabalhar com ordem, constância, intensidade e presença de Deus, sem jamais retroceder ante as dificuldades; de trabalhar, acima de tudo, com pureza de intenção e desapego de mim mesmo, tendo sempre diante dos olhos todas as almas e as contas que prestarei a Deus do tempo perdido, das habilidades inutilizadas, do bem omitido e das estéreis vaidades em meus trabalhos, tão contrárias à obra de Deus. Tudo por Jesus, tudo por Maria, tudo à vossa imitação, ó Patriarca São José! Este será o meu lema na vida e na morte. Amém.

Pelo Romano Pontífice

℣. Oremos pelo nosso Beatíssimo Papa N.

℟. O Senhor o conserve, lhe dê vida e o torne feliz na terra, e não o entregue em poder dos seus inimigos.

Bênção da mesa

Antes das refeições

Almoço e jantar:

Oremos. Abençoai-nos, Senhor, a nós e a estes dons que da vossa liberalidade recebemos. Por Cristo Senhor Nosso.
℟. Amém.

Almoço:

℣. Que o Rei da eterna glória nos faça participantes da mesa celestial.
℟. Amém.

Jantar:

℣. Que o Rei da eterna glória nos conduza à Ceia da vida eterna.
℟. Amém.

Depois das refeições

Nós Vos damos graças, Deus onipotente, por todos os vossos benefícios, Vós que viveis e reinais por todos os séculos dos séculos.

Benedíctio mensae

Oremus. Benedic, Domine, nos et haec tua dona quae de na largitate sumus sumpturi. Per Christum Dominum nostrum. Amen.

Ante prandium:

Mensae caelestis particeps faciat nos, Rex aeternae gloriae. Amen.

Ante cenam:

Ad cenam vitae aeternae perducat nos, Rex aeternae gloriae. Amen.

Agimus tibi gratias, omnipotens Deus, pro universis beneficiis tuis, qui vivis et regnas in saecula saeculorum.

℟. Amém.	℟. Amen.
℣. Que Deus nos dê a sua paz.	℣. Deus det nobis suam pacem.
℟. E a vida eterna.	℟. Et vitam aeternam.
℣. Amém.	℣. Amen.

Antes da meditação

Meu Senhor e meu Deus, creio firmemente que estás aqui, que me vês, que me ouves. Adoro-Te com profunda reverência. Peço-Te perdão dos meus pecados e graça para fazer com fruto este tempo de oração. Minha Mãe Imaculada, São José, meu Pai e Senhor, meu Anjo da Guarda, intercedei por mim.

Depois da meditação

Dou-Te graças, meu Deus, pelos bons propósitos, afetos e inspirações que me comunicaste nesta meditação; peço-Te ajuda para os pôr em prática. Minha Mãe Imaculada, São José, meu Pai e Senhor, meu Anjo da Guarda, intercedei por mim.

A São Miguel Arcanjo

São Miguel Arcanjo, protegei-nos no combate; cobri-nos com o vosso escudo contra os embustes e ciladas do demônio. Subjugue-o Deus, instantemente o pedimos; e vós, Príncipe da milícia celeste, pelo divino poder, precipitai no inferno a Satanás e aos outros espíritos malignos que andam pelo mundo para perder as almas. Amém.

Ad S. Michaélem

Sancte Michaele Archangele, defende nos in praelio, contra nequitias et insidias diaboli esto praesidium: imperet illi Deus, súplices deprecamur, tuque, Princeps militiae caelestis, satanam aliosque spiritus malignos, qui ad perditionem animarum pervagantur in mundo, divina virtute in infernum detrude. Amen.

Algumas jaculatórias

* Bendita seja a Santíssima Trindade.
* Meu Deus e meu tudo.
* Ó Deus, compadecei-Vos de mim, pecador.
* Tu és o meu Deus, eu Te confessarei; Tu és o meu Deus, eu Te glorificarei.
* Faça-se, cumpra-se, seja louvada e eternamente glorificada a justíssima e amabilíssima Vontade de Deus sobre todas as coisas. Assim seja. Assim seja.
* Senhor, Tu sabes tudo, Tu sabes que eu Te amo.

* Senhor, eu me abandono em Vós, confio em Vós, descanso em Vós.
* Ó meu Deus: cada dia me sinto menos seguro de mim e mais seguro de Ti!
* Senhor, meu Deus! Em vossas mãos abandono o passado e o presente e o futuro, o pequeno e o grande, o pouco e o muito, o temporal e o eterno.
* Tudo refiro a Ti, meu Deus. Sem Ti, que és meu Pai, que seria de mim?
* Senhor, para mim nada quero. Tudo para a tua glória e por Amor.
* Dá-me, Senhor, o amor com que queres que eu Te ame.
* Senhor, o que Tu quiseres..., eu o amo.
* Cristo vence! Cristo reina! Cristo impera!
* Tu o queres, Senhor?... Eu também o quero!
* Senhor, se quiseres, podes limpar-me.
* Não desprezarás, Senhor, um coração contrito e humilhado.
* Jesus, Jesus, sede sempre para mim Jesus.
* Jesus, manso e humilde de coração, fazei o meu coração semelhante ao vosso.
* Coração sacratíssimo e misericordioso de Jesus, dai-nos a paz.
* Jesus, Filho de Davi, tem compaixão de mim.

* Doce coração de Jesus, sede o meu amor. Doce coração de Maria, sede a minha salvação.
* Santa Maria, esperança nossa, sede da sabedoria, escrava do Senhor, rogai por nós.
* Coração dulcíssimo de Maria, preparai-nos um caminho seguro.
* Aproximemo-nos com fé do trono da graça para alcançarmos misericórdia e encontrarmos a graça no momento oportuno.
* És toda formosa, Maria, e não há em Ti mancha de pecado.
* São José, nosso Pai e Senhor, abençoai todos os filhos da Santa Igreja de Deus.
* São José, chefe da Sagrada Família, rogai pela nossa família.

Oração pelos defuntos

Eu sou a ressurreição e a vida; quem crê em Mim, mesmo que esteja morto, viverá; e quem vive e crê em Mim não morrerá eternamente (Jo 11,25).

Santos de Deus, vinde em seu auxílio; anjos do Senhor, correi ao seu encontro! Acolhei a sua alma, levando-a à presença do Altíssimo.

Réquiem Aeternam

Ego sum resurrectio et vita; qui credit in me etiam si mortuus fuerit vivet, et omnis qui credit in me non morietur in aeternum (Jo 11, 25).

Subveníte, Sancti Dei, occúrrite, Angeli Dómini, suscipiéntes ánimam eius: offeréntes eam in conspéctu Altíssimi.

℣. Cristo te chamou. Ele te receba, e os anjos te acompanhem ao seio de Abraão.	℣. Christus te vocávit: ipse te suscípiat, et Angeli dedúcant te in sinum Abrahae.
℟. Acolhei a sua alma, levando-a à presença do Altíssimo.	℟. Offeréntes eam in conspéctu Altíssimi.
℣. Dai-lhe, Senhor, o repouso eterno e brilhe para ele(a) a vossa luz.	℣. Réquiem aetérnam dona ei, Dómine, et lux perpétua lúceat ei.
℟. Acolhei a sua alma, levando-a à presença do Altíssimo.	℟. Suscipiéntes ánimam eius: offeréntes eam in conspéctu Altíssimi.
℣. Senhor, tende piedade de nós.	℣. Kýrie, eléison.
℟. Cristo, tende piedade de nós. Senhor, tende piedade de nós.	℟. Christe, eléison. Kýrie, eléison.
Pai-Nosso.	*Pater Noster.*
℣. Descanse em paz.	℣. Requiéscat in pace.
℟. Amém.	℟. Amen.
℣. O Senhor esteja convosco.	℣. Dóminus vobíscum.
℟. Ele está no meio de nós.	℟. Et cum spíritu tuo.
Oremos. Ouvi, ó Pai, as nossas preces; sede misericordioso para com o vosso servo(a) N., que chamastes	**Oremus.** Inclína, Dómine, aurem tuam ad preces nostras, quibus misericórdiam tuam súpplices deprecámur, ut

deste mundo. Concedei-lhe a luz e a paz no convívio dos vossos santos. Por Nosso Senhor Jesus Cristo, na unidade do Espírito Santo.
℟. Amém.

ánimam fámuli tui N., quam de hoc saeculo migráre iussísti, in pacis ac lucis regióne constítuas, et sanctórum tuórum iúbeas esse consórtem. Per Christum Dóminum nostrum.
℟. Amen.

Oremos. Absolvei, Senhor, a alma do vosso servo N. de todos os laços do pecado, a fim de que, na ressurreição gloriosa, entre os vossos Santos e eleitos, possa ele, ressuscitado em seu corpo, de novo respirar. Por Cristo Nosso Senhor.
℟. Amém.

Oremus. Absolve quaesumus, Dómine, fámulum tuum N. ab omni vínculo delictórum, ut, qui in hoc saeculo Christo méruit conformári, in resurrectiónis glória inter Sanctos tuos resuscitátus respíret. Per Christum Dóminum nostrum.
℟. Amen.

℣. Eu sou a ressurreição e a vida: quem crê em Mim, mesmo que esteja morto, viverá; e quem vive e crê em Mim não morrerá eternamente. Dai-lhe, Senhor, o repouso eterno.

℣. *Ego sum resurrectio et vita; qui credit in me etiam si mortuus fuerit vivet, et omnis qui credit in me non morietur in aeternum.* Réquiem aetérnam dona ei, Dómine.

℟. E brilhe para ele(a) a vossa luz.
℣. Descanse em paz.
℟. Amém.
℣. A sua alma e as almas de todos os fiéis defuntos, pela misericórdia de Deus, descansem em paz.
℟. Amém.

℟. Et lux perpétua lúceat ei.
℣. Requiéscat in pace.
℟. Amen.
℣. Ánima eius et ánimae ómnium fidélium defunctórum per misericórdiam Dei requiéscant in pace.
℟. Amen.

Orações jaculatórias para ajudar o moribundo

* Quem nos separará do amor de Cristo?

* Veremos a Deus como Ele é.

* A Vós, Senhor, elevo a minha alma.

* O Senhor é minha luz e minha salvação.

* Minha alma tem sede do Deus vivo.

* Em verdade te digo: hoje estarás comigo no Paraíso, disse o Senhor Jesus.

* Pai, em vossas mãos entrego o meu espírito.

* Jesus, José e Maria, assisti-me na última agonia.

Aceitação da morte

Meu Deus e meu Pai, Senhor da vida e da morte, que, para justo castigo das nossas culpas, com um decreto imutável determinastes que todos os homens haviam de morrer, olhai para mim, aqui prostrado diante de Vós. Detesto de todo o coração as minhas culpas passadas, pelas quais mereci mil vezes a morte, que aceito agora com o fim de expiá-las e para obedecer à vossa amável vontade. Gostosamente morrerei, Senhor, no momento, no lugar e do modo que Vós quiserdes, e aproveitarei até esse instante os dias que me restem de vida para lutar contra os meus defeitos e aumentar o meu amor por Vós, para quebrar os laços que atam o meu coração às criaturas e preparar a minha alma para comparecer à vossa presença; e desde agora me abandono sem reservas nos braços da vossa paternal Providência.

Devoções eucarísticas

Visita ao Santíssimo Sacramento

℣. Graças e louvores se deem a todo momento.

℟. Ao Santíssimo e diviníssimo Sacramento.

Pai-Nosso, Ave-Maria e Glória (3 vezes).

Comunhão espiritual

Eu quisera, Senhor, receber-Vos com aquela pureza, humildade e devoção com que Vos recebeu a vossa Santíssima Mãe, com o espírito e o fervor dos santos.

Bênção com o Santíssimo Sacramento

Canta, ó língua, o mistério do corpo glorioso e do sangue precioso que, para resgatar o mundo, o Rei das nações derramou, fruto de um ventre generoso.
Tão sublime sacramento adoremos de joelhos; e que o antigo documento ceda lugar

Pange, língua, gloriósi
Córporis mystérium,
Sanguinísque pretiósi,
quem in mundi prétium
fructus ventris generósi
Rex effúdit géntium.
Tantum ergo Sacraméntum
venerémur cérnui;
et antíquum documéntum

ao novo rito; que a fé supra a deficiência dos sentidos.
Ao Pai e ao Filho seja louvor e júbilo, salvação, honra, poder também e bênção; a quem procede de ambos seja igual louvor. Amém.
℣. Vós sois o Pão que desceu dos Céus.
℟. Para dar vida ao mundo.

novo cedat rítui:
praestet fides suppleméntum
sénsuum deféctui.
Genitóri, Genitóque
laus et jubilátio;
salus, honor, virtus quoque
sit et benedíctio;
Procedénti ab utróque
compar sit laudátio. Amen.
℣. Pánem de caélo praestitísti eis.
℟. Omne delectaméntum in se habéntem.

Oremos. Deus, que neste admirável Sacramento nos deixastes o memorial da vossa Paixão, dai-nos venerar com tão grande amor o mistério do vosso Corpo e do vosso Sangue, que possamos colher continuamente os frutos da vossa Redenção. Vós que viveis e reinais pelos séculos dos séculos.
℟. Amém.

Orémus. Deus, qui nobis sub Sacraménto mirábili Passiónis tuae memóriam reliquísti; tríbue, quaésumus, ita nos Córporis et Sánguinis tui sacra mystéria venerári; ut redemptiónis tuae fructum in nobis júgiter sentiámus. Qui vivis et regnas in saécula saeculórum.
℟. Amen.

Oração pela Igreja, pelo Santo Padre e pela Pátria

Deus e Senhor Nosso, protegei a vossa Igreja, dai-lhe santos Pastores e dignos Ministros. Derramai as vossas bênçãos sobre o nosso Santo Padre o Papa; sobre o nosso Bispo [Cardeal-Arcebispo, Arcebispo] [e seu(s) Bispo(s) Auxiliar(es)], sobre o nosso Pároco, sobre todo o Clero; sobre o Chefe da Nação [e o do Estado], e sobre todas as pessoas constituídas em dignidade, para que governem com justiça. Dai ao povo brasileiro paz constante e prosperidade completa. Favorecei, com os efeitos contínuos da vossa bondade, o Brasil, este Bispado, a Paróquia em que habitamos, cada um de nós em particular, e todas as pessoas por quem somos obrigados a orar, ou que se recomendaram às nossas orações. Tende misericórdia das almas dos fiéis que padecem no Purgatório. Dai-lhes, Senhor, o descanso e a luz eterna.

Pai-Nosso, Ave-Maria, Glória ao Pai.

Jaculatórias de desagravo

Bendito seja Deus. Bendito seja o seu santo Nome. Bendito seja Jesus Cristo, verdadeiro Deus e verdadeiro homem. Bendito seja o Nome de Jesus. Bendito seja o seu Sacratíssimo Coração. Bendito seja o seu preciosíssimo Sangue. Bendito seja Jesus no Santíssimo Sacramento do altar. Bendito seja o Espírito Santo Paráclito. Bendita seja a grande Mãe de Deus, Maria Santíssima. Bendita seja a sua santa e Imaculada Conceição. Bendita seja a sua gloriosa Assunção. Bendito seja o nome de

Maria, Virgem e Mãe. Bendito seja São José, seu castíssimo Esposo. Bendito seja Deus nos seus Anjos e nos seus santos.

Povos, louvai o Senhor:
louvai-o todas as gentes;
porque a sua misericórdia se confirmou em nós;
e a verdade do Senhor é eterna.
Glória ao Pai, e ao Filho,
e ao Espírito Santo;
como era no princípio, agora e sempre,
e pelos séculos dos séculos.
Amém.

Laudate Dóminum omnes gentes,
laudáte eum omnes pópuli;
quóniam confirmáta est super nos misericórdia ejus;
et véritas Dómini manet in aetérnum.
Glória Patri et Fílio,
et Spirítui Sancto;
sicut erat in princípio, et nunc, et semper,
et in saécula saeculórum.
Amen.

Orações para antes de comungar

São três as condições para comungar bem: **1.** *Estar em estado de graça, ou seja, não ter cometido pecado mortal depois da última confissão;* **2.** *Saber e relembrar Quem se vai receber;* **3.** *Observar o jejum eucarístico, ou seja, abster-se de alimentos sólidos e de bebidas exceto água uma hora antes de comungar.*

Ato de Fé

Ó Jesus, Deus e homem verdadeiro, creio firmemente que, por nosso amor e para ser o alimento da nossa alma, estais no Santíssimo Sacramento do Altar, tão real e perfeitamente como estais no céu.

Ato de Adoração

Ó Jesus, adoro-Vos profundamente neste diviníssimo Sacramento, em que Vos reconheço oculto debaixo das espécies sacramentais, como Deus e homem verdadeiro, meu Criador, Senhor, Redentor, sumo e único Bem.

Ato de Esperança

Ó Jesus, espero que, recebendo-Vos neste diviníssimo Sacramento, usareis comigo de misericórdia e me dareis todas as graças necessárias e até abundantes para me santificar e alcançar a minha eterna salvação.

Ato de Caridade

Ó Jesus, amo-Vos com todo o coração sobre todas as coisas, porque sois o meu Deus, infinitamente amável, meu Pai, meu Redentor e meu tudo; e por amor de Vós, amo o próximo como a mim mesmo e perdoo de todo o coração os que me têm ofendido.

Oração de Santo Ambrósio

Senhor Jesus Cristo, eu, pecador, não presumindo dos meus próprios méritos, mas confiando na vossa bondade e misericórdia, temo entretanto e hesito em aproximar-me da mesa do vosso doce convívio. Pois meu corpo e meu coração estão manchados por muitas faltas, e não guardei com cuidado o meu espírito e a minha língua. Por isso, ó bondade divina e temível majestade, na minha miséria recorro a Vós, fonte de misericórdia; corro para junto de Vós a fim de ser curado, refugio-me na vossa proteção, e anseio ter como Salvador Aquele que não posso suportar como Juiz. Senhor, eu Vos mostro as minhas chagas e Vos revelo a minha vergonha. Sei que os meus pecados são muitos e grandes, e temo por causa deles, mas espero na vossa infinita misericórdia. Olhai-me, pois, com os vossos olhos misericordiosos, Senhor Jesus Cristo, Rei eterno, Deus e homem, crucificado por causa do homem. Escutai-me, pois espero em Vós; tende piedade de mim, cheio de misérias e pecados, Vós que jamais deixareis de ser para nós a fonte da compaixão. Salve, Vítima salvadora, oferecida no patíbulo da Cruz por mim e por todos os homens. Salve, nobre e precioso Sangue, que brotas das chagas do meu Senhor Jesus Cristo crucificado e lavas os pecados do mundo inteiro. Lembrai-Vos, Senhor, da vossa criatura resgatada por vosso Sangue. Arrependo-me de ter pecado, desejo reparar o que fiz. Livrai-me, ó Pai clementíssimo, de todas as minhas iniquidades e pecados, para que, inteiramente purificado, mereça participar dos Santos Mistérios. E concedei que o vosso Corpo e o vosso Sangue, que eu, embora indigno, me preparo para receber, sejam perdão para os meus pecados e completa purificação de minhas faltas. Que eles afastem de mim os maus pensamentos e despertem os bons sentimentos; tornem eficazes as obras que Vos agradam, e protejam meu corpo e minha alma contra as ciladas dos meus inimigos. Amém.

Oração de São Tomás de Aquino

Ó Deus eterno e todo-poderoso, eis que meaproximo do Sacramento do vosso Filho único, Nosso Senhor Jesus Cristo. Impuro, venho à fonte da misericórdia; cego, à luz da eterna claridade; pobre e indigente, ao Senhor do céu e da terra. Imploro, pois, a abundância da vossa liberalidade, para que Vos digneis curar a minha fraqueza, lavar as minhas manchas, iluminar a minha cegueira, enriquecer a minha pobreza, vestir a minha nudez. Que eu receba o Pão dos Anjos, o Rei dos reis e o Senhor dos senhores, com o respeito e a humildade, a contrição e a devoção, a pureza e a fé, o propósito e a intenção que convêm à salvação da minha alma. Dai-me que receba não só o

Sacramento do Corpo e do Sangue do Senhor, mas também o seu efeito e a sua força. Ó Deus de mansidão, fazei-me acolher com tais disposições o Corpo que o vosso Filho único, Nosso Senhor Jesus Cristo, recebeu da Virgem Maria, que seja incorporado ao seu Corpo Místico e contado entre os seus membros. Ó Pai cheio de amor, fazei que, recebendo agora o vosso Filho sob o véu do Sacramento, possa na eternidade contemplá-lo face a face. Amém.

À Santíssima Virgem

Ó Mãe de bondade e de misericórdia, Santíssima Virgem Maria, eu, miserável e indigno pecador, a Vós recorro de todo o coração e com todo o amor; e Vos suplico que, assim como estivestes de pé junto ao vosso amabilíssimo Filho pendente da Cruz, me assistais também a mim, mísero pecador, e a todos os sacerdotes que hoje na Santa Igreja oferecem o Santo Sacrifício. Auxiliados pela vossa graça, possamos nós apresentar à suprema e indivisível Trindade a Vítima verdadeiramente digna de lhe ser oferecida. Amém.

A São José

São José, varão feliz, que tivestes a dita de ver e ouvir o próprio Deus, a quem muitos reis quiseram ver e não viram, ouvir e não ouviram; e não só ver e ouvir, mas ainda trazê-lo em vossos braços, beijá-lo, vesti-lo e guardá-lo!

℣. Rogai por nós, bem-aventurado São José.
℟. Para que sejamos dignos das promessas de Cristo.

Oremos. Ó Deus, que nos concedestes o sacerdócio real, nós Vos pedimos que, assim como São José mereceu cuidar e trazer em seus braços com carinho o vosso Filho unigênito, nascido da Virgem Maria, façais que nós Vos sirvamos com coração limpo e boas obras, de modo que hoje recebamos dignamente o sacrossanto Corpo e Sangue do vosso Filho, e na vida futura mereçamos alcançar o prêmio eterno. Amém.

Ao Espírito Santo

Ó Deus clementíssimo, escutai com piedade as nossas súplicas e iluminai o nosso coração com a graça do Espírito Santo, para que mereçamos servir com dignidade os vossos mistérios e amar-Vos com caridade eterna. Ó Deus, que conheceis o nosso coração e a nossa vontade, e que não ignorais nenhum segredo: purificai os nossos pensamentos infundindo-nos o Espírito Santo, para que mereçamos amar-Vos com perfeição e louvar-Vos dignamente. Senhor, inflamai as nossas entranhas e o nosso coração com o fogo do Espírito Santo, para que Vos sirvamos com um corpo casto e Vos agrademos com um coração limpo.

Nós Vos pedimos, Senhor, que o Paráclito que procede de Vós ilumine o nosso entendimento e nos leve a conhecer a verdade, como o vosso Filho nos prometeu.

Nós Vos pedimos, Senhor, que nos assista o poder do Espírito Santo, para que purifique com clemência os nossos corações e nos defenda de todos os perigos. Ó Deus, que instruístes os corações dos fiéis com a luz do Espírito Santo, concedei-nos amar, no mesmo Espírito, o que é reto, e gozar sempre a sua consolação.

Nós Vos pedimos, Senhor, que purifiqueis as nossas consciências para que, ao vir o nosso Senhor Jesus Cristo, vosso Filho, encontre preparada em nós a sua mansão. Ele que vive e reina convosco pelos séculos dos séculos. Amém.

Orações para depois de comungar

Ação de graças depois da Missa

Antífona. Cantemos o hino dos três jovens, o mesmo que esses santos cantavam na fornalha ardente, bendizendo o Senhor. (*T.P. Aleluia.*)

Cântico dos três Jovens

Dan 3, 57–88 e 56

1. Obras do Senhor, bendizei todas o Senhor; louvai-O e exaltai-O para sempre.
2. Céus, bendizei o Senhor; Anjos do Senhor, bendizei o Senhor.
3. Águas que estais por cima dos céus, bendizei todas o Senhor; todos os poderes bendigam o Senhor.
4. Sol e lua, bendizei o Senhor; estrelas dos céus, bendizei o Senhor.
5. Chuvas e orvalhos, bendizei o Senhor; e vós, todos os ventos, bendizei o Senhor.
6. Fogo e calor, bendizei o Senhor; frio e calor, bendizei o Senhor.
7. Orvalhos e geadas, bendizei o Senhor; gelo e frio, bendizei o Senhor.
8. Gelos e neves, bendizei o Senhor; noites e dias, bendizei o Senhor.

9. Luz e trevas, bendizei o Senhor; relâmpagos e nuvens, bendizei o Senhor.
10. Que a terra bendiga o Senhor; louve-O e exalte-O para sempre.
11. Montes e colinas, bendizei o Senhor; plantas que brotais da terra, bendizei o Senhor.
12. Mares e rios, bendizei o Senhor; fontes, bendizei o Senhor.
13. Cetáceos e animais que viveis nas águas, bendizei o Senhor; pássaros todos do céu, bendizei o Senhor.
14. Animais selvagens e rebanhos, bendizei o Senhor; filhos dos homens, bendizei o Senhor.
15. Bendiga Israel o Senhor; louve-O e exalte-O para sempre.
16. Sacerdotes do Senhor, bendizei o Senhor; servos do Senhor, bendizei o Senhor.
17. Espíritos e almas dos justos, bendizei o Senhor; santos e humildes de coração, bendizei o Senhor.
18. Ananias, Azarias e Misael, bendizei o Senhor; louvai-O e exaltai-O para sempre.
19. Bendigamos o Pai, o Filho e o Espírito Santo; louvemo-lO e exaltemo-lO para sempre.
20. Senhor, Vós sois bendito no firmamento dos céus; sois digno de louvor e glória para sempre.

Não se diz Glória nem Amém.

Salmo 150

1. Louvai o Senhor no seu santuário, louvai-O no seu augusto firmamento.
2. Louvai-O por suas obras grandiosas, louvai-O por sua excelsa majestade.
3. Louvai-O ao som da trombeta, louvai-O com o saltério e a cítara.
4. Louvai-O com tímpanos e danças, louvai-O com a harpa e a flauta.
5. Louvai-O com címbalos sonoros, louvai-O com címbalos de júbilo: tudo o que respira louve o Senhor.

Glória ao Pai.

Antífona. Cantemos o hino dos três jovens, o mesmo que esses santos cantavam na fornalha ardente, bendizendo o Senhor. *(T.P. Aleluia.)*

Todos se levantam, e quem dirige diz:

Senhor, tende piedade de nós. Cristo, tende piedade de nós. Senhor, tende piedade de nós.

Pai-Nosso.

℣. E não nos deixeis cair em tentação.

℟. Mas livrai-nos do mal.

℣. Todas as vossas obras Vos louvem, Senhor.

℟. E os vossos santos Vos bendigam.

℣. Os santos exultarão na glória.

℟. E alegrar-se-ão nas suas moradas.

℣. Não a nós, Senhor, não a nós.
℟. Mas ao vosso nome dai glória.
℣. Ouvi, Senhor, a minha oração.
℟. E chegue até Vós o meu clamor.

Os sacerdotes acrescentam:

℣. O Senhor esteja convosco.
℟. Ele está no meio de nós.

Oremos. Ó Deus, que suavizastes as chamas do fogo aos três jovens; concedei-nos, pela vossa misericórdia, que não nos deixemos abrasar pelos vícios.

Nós vos rogamos, Senhor, que prepareis as nossas ações com a vossa inspiração, e as acompanheis com a vossa ajuda, a fim de que todos os nossos trabalhos e orações em Vós comecem sempre e convosco acabem.

Dai-nos, Senhor, a graça de extinguir o ardor dos vícios, Vós que concedestes a São Lourenço a virtude de vencer o fogo de seu martírio. Por Cristo Senhor Nosso.
℟. Amém.

Invocações ao Santíssimo Redentor

Anima Christi

Alma de Cristo, santificai-me.
Corpo de Cristo, salvai-me.
Sangue de Cristo, inebriai-me.
Água do lado de Cristo, lavai-me.
Paixão de Cristo, confortai-me.
Ó bom Jesus, ouvi-me.
Dentro das vossas chagas, escondei-me.
Não permitais que me separe de Vós.
Do espírito maligno, defendei-me.
Na hora da minha morte, chamai-me.
E mandai-me ir para Vós,
para que Vos louve com os vossos santos,
por todos os séculos dos séculos. Amém.

Anima Christi, sanctífica me.
Corpus Christi, salva me.
Sanguis Christi, inebria me.
Aqua láteris Christi, lava me.
Pássio Christi, confórta me.
O boné Iesu, exáudi me.
Intra tua vulnera abscónde me.
Ne permíttas me separári a te.
Ab hoste maligno defende me.
In hora mortis meae voca me.
Et iube me veníre ad te,
ut cum Sanctis tuis laudem te
in saécula saeculórum.
Amen.

Adoro te devote

Adoro-te com devoção, Deus escondido, realmente oculto sob estas aparências: Meu coração a Ti todo se entrega, e ao contemplar-Te se abandona inteiro.

A vista, o tato, o gosto em Ti se enganam, mas basta o ouvir para ter a fé segura; tudo o que o Filho de Deus disse eu creio: Nada mais verdadeiro que o Verbo da Verdade.

Na Cruz só se ocultava a divindade, aqui também se oculta a humanidade. Em ambas, porém, crendo, ambas confesso, e o que pediu o bom ladrão eu peço.

Como Tomé, tuas chagas eu não vejo; mas confesso, Senhor, que és o meu Deus. Faz com que eu creia em Ti cada vez mais, tenha esperança em Ti e a Ti te ame.

Adóro te devóte, latens Déitas, quae sub his figúris vere látitas. Tibi se cor meum totum súbiicit, quia, te contémplans, totum déficit.

Visus, tactus, gustus in te fállitur, sed audítu solo tuto créditur. Credo quidquid dixit Dei Fílius: nil hoc verbo veritátis vérius.

In Cruce latébat sola Déitas; at hic latet simul et humánitas. Ambo tamen credens atque cónfitens, peto quod petívit latro pœnitens.

Plagas, sicut Thomas, non intúeor; Deum tamen meum te confíteor. Fac me tibi semper magis crédere, in te spem habére, te dilígere.

O memoriále mortis Dómini! Panis vivus vitam praestans hómini, praesta meae menti

Ó memorial da morte do Senhor! Pão vivo que concedes vida ao homem, faz que minha alma de Ti sempre viva e um sabor doce sinta sempre em Ti.

Ó Jesus, piedoso pelicano, a mim, impuro, limpa-me em teu Sangue, que co'uma gota só o mundo inteiro poderia livrar de qualquer crime.

Jesus, a quem velado agora vejo, peço-te enfim o que com sede anseio: que, em Te vendo a rosto descoberto, seja eu feliz de olhar a tua glória. Amém.

de te vívere, et te illi semper dulce sápere.

Pie pellicáne, Iesu Dómine, me immúndum munda tuo sánguine: cuius una stilla salvum fácere totum mundum quit ab omni scélere.

Iesu, quem velátum nunc aspício, oro, fiat illud quod tam sítio; ut te reveláta cernens fácie, visu sim beátus tuae glóriae. Amen.

Oração de São Tomás de Aquino

Dou-Vos graças, Senhor santo, Pai onipotente, Deus eterno, a Vós que, sem merecimento algum da minha parte, mas por efeito da vossa misericórdia, Vos dignastes saciar-me, sendo eu pecador e vosso indigno servo, com o Corpo adorável e com o Sangue precioso do vosso Filho, Nosso Senhor Jesus Cristo. Eu Vos peço que esta comunhão não me seja imputada como uma falta digna de castigo, mas interceda eficazmente para alcançar o meu perdão; seja a armadura da minha fé e o escudo da minha boa vontade; livre-me dos meus vícios; apague os meus maus desejos; mortifique a minha concupiscência; aumente em mim a caridade e a paciência, a humildade, a obediência e todas as virtudes; sirva-me de firme defesa contra os embustes de todos os meus inimigos, tanto visíveis como invisíveis; serene e regule perfeitamente os movimentos, tanto da minha carne como do meu espírito; una-me firmemente a Vós, que sois o único e verdadeiro Deus; e seja enfim a feliz consumação do meu destino. Dignai-Vos, Senhor, eu Vos suplico, conduzir-me, a mim, pecador, a esse inefável banquete onde, com o vosso Filho e o Espírito Santo, sois para os vossos santos luz verdadeira, gozo pleno e alegria eterna, cúmulo de delícias e felicidade perfeita. Pelo mesmo Jesus Cristo, Senhor Nosso. Amém.

Oração a Jesus Crucificado

Eis-me aqui, ó bom e dulcíssimo Jesus! De joelhos ante a vossa divina presença, eu Vos peço e suplico, com o mais ardente fervor de minha alma, que Vos digneis gravar em meu coração profundos sentimentos de fé, de esperança e de caridade, de verdadeiro arrependimento de meus pecados e vontade firmíssima de me emendar, enquanto com sincero afeto e íntima dor de coração considero e medito em vossas cinco chagas, tendo bem presentes aquelas palavras que o Profeta Davi já dizia de Vós, ó bom Jesus: *Trespassaram as minhas mãos e os meus pés, e contaram todos os meus ossos.*

Oração de São Boaventura

Trespassai, dulcíssimo Senhor Jesus, a medula de minha alma com o suave e salutar dardo do vosso amor, com a verdadeira, pura e santíssima caridade apostólica, a fim de que a minha alma desfaleça e se desfaça sempre só com o amor e o desejo de Vos possuir; que por Vós suspire, e desfaleça por achar-se nos átrios da vossa casa; deseje separar-se do corpo para se unir a Vós. Fazei que minha alma tenha fome de Vós, Pão dos anjos, Alimento das almas santas, Pão nosso de cada dia, cheio de força, de toda a doçura e sabor, e de todo o suave deleite. Ó Jesus, a quem os anjos desejam contemplar, tenha sempre o meu coração fome de Vós, e o interior de minha alma transborde com a doçura do vosso sabor; tenha sempre sede de Vós, fonte de vida, manancial de sabedoria e de ciência, rio de luz eterna, torrente de delícias, abundância da Casa de Deus;

que Vos deseje, Vos procure, Vos encontre; que para Vós caminhe e a Vós chegue; que em Vós pense, de Vós fale, e todas as minhas ações encaminhe para a honra e glória do vosso nome, com humildade e discrição, com amor e deleite, com facilidade e afeto, com perseverança até o fim; para que só Vós sejais sempre minha esperança, meu gozo, meu descanso e minha tranquilidade, minha paz, minha suavidade, meu perfume, minha doçura, minha comida, meu alimento, meu refúgio, meu auxílio, minha sabedoria, minha herança, minha posse, meu tesouro, no qual estejam sempre fixos e firme e inabalavelmente arraigados a minha alma e o meu coração. Amém.

Oração do Papa Clemente XI

Senhor, creio em Vós, fazei que creia com mais firmeza;
espero em Vós, fazei que espere com mais confiança;
amo-Vos, aumentai o meu amor;
arrependo-me, avivai a minha dor.

Adoro-Vos como primeiro princípio;
desejo-Vos como último fim;
exalto-Vos como benfeitor perpétuo;
invoco-Vos como defensor propício.

Dirigi-me com a vossa sabedoria;
atai-me com a vossa justiça;
consolai-me com a vossa clemência;
protegei-me com o vosso poder.

Ofereço-Vos os meus pensamentos, para que se dirijam a Vós;
minhas palavras, para que falem de Vós;
minhas obras, para que sejam vossas;
minhas contrariedades, para que as aceite por Vós.

Quero o que quereis,
quero porque o quereis,
quero como o quereis,
quero enquanto o queirais.

Senhor, peço-Vos que ilumineis a minha mente,
inflameis a minha vontade,
limpeis o meu coração,
santifiqueis a minha alma.

Que me afaste das faltas passadas,
rejeite as tentações futuras,
corrija as más inclinações,
pratique as virtudes necessárias.
Concedei-me, Deus de bondade, amor por Vós,
ódio por mim,
zelo pelo próximo,
desprezo pelo mundano.

Que saiba obedecer aos superiores,
ajudar os inferiores,
acolher os amigos,
perdoar os inimigos.

Que vença a sensualidade com a mortificação,
a avareza com a generosidade,
a ira com a bondade,
a tibieza com a piedade.

Fazei-me prudente nos conselhos,
constante nos perigos,
paciente nas contrariedades,
humilde na prosperidade.

Senhor, fazei-me atento na oração,
sóbrio na comida,
perseverante no trabalho,
firme nos propósitos.

Que procure ter inocência interior,
modéstia exterior,
conversa exemplar,
vida ordenada.

Que lute por dominar a minha natureza,
fomentar a graça,
servir a vossa lei
e obter a salvação.

Que aprenda de Vós como é pouco o terreno,
como é grande o divino,
como é breve o tempo,
como é duradouro o eterno.

Fazei-me preparar a morte,
temer o juízo,
evitar o inferno
e alcançar o paraíso.
Por Cristo Nosso Senhor. Amém.

Oração à Santíssima Virgem

Ó Maria, Virgem e Mãe Santíssima, eis que recebi o vosso amadíssimo Filho, a quem concebestes no vosso seio imaculado, criastes e alimentastes em vosso peito, e abraçastes amorosamente. Eis que Vos apresento e ofereço com amor e humildade Aquele que vos alegrava contemplar e que Vos enchia de delícias, para que o aperteis em vossos braços, o ameis em vosso coração e o ofereçais em supremo culto de adoração à Santíssima Trindade, para vossa honra e glória e pelas minhas necessidades e pelas de todo o mundo. Suplico-Vos, piedosíssima Mãe, que me alcanceis o perdão de todos os meus pecados e graça abundante para servir o Senhor desde agora com maior fidelidade; e por último a graça da perseverança final, para que possa louvá-lo convosco pelos séculos dos séculos. Amém.

Oração a São José

Ó glorioso São José, Pai e protetor das virgens, guarda fiel a quem Deus confiou Jesus, a própria inocência, e Maria, Virgem das virgens! Em nome de Jesus e de Maria, este duplo tesouro que vos foi tão caro, vos suplico que me conserveis livre de toda a impureza, para que, com alma pura e corpo casto, sirva sempre, fielmente, a Jesus e a Maria. Amém.

Oferecimento de si mesmo

Tomai, Senhor, e recebei, toda a minha liberdade, a minha memória, o meu entendimento e toda a minha vontade. Tudo quanto tenho e possuo de Vós o recebi. Por isso a Vós, Senhor, o entrego e restituo para que disponhais de tudo segundo a vossa vontade. Concedei-me somente o vosso amor e a vossa graça, que isto me basta, e não desejo outra coisa da vossa misericórdia infinita.

Oração de São Francisco

Senhor, fazei de mim um instrumento da vossa paz; onde houver ódio, que eu leve o amor; onde houver ofensa, que eu leve o perdão; onde houver discórdia, que eu leve a união; onde houver dúvida, que eu leve a fé; onde houver erro, que eu leve a verdade; onde houver desespero, que eu leve a esperança; onde houver tristeza, que eu leve a alegria; onde houver trevas, que eu leve a luz. Ó Mestre, fazei que eu procure mais consolar que ser consolado, compreender que ser compreendido, amar que ser amado. Pois é dando que se recebe, é perdoando que se é perdoado, e é morrendo que se vive para a vida eterna. Amém.

Outras devoções

Santo Rosário

Pelo sinal da Santa Cruz.

Ato de contrição.

Glória ao Pai.

A seguir, enuncia-se o mistério a ser contemplado naquela dezena e depois reza-se um Pai-Nosso, dez Ave-Marias e um Glória, seguidos da seguinte jaculatória:

℣. Ó Maria, concebida sem pecado.

℟. Rogai por nós, que recorremos a Vós.

ou:

℣. Ó meu Jesus, perdoai-nos, livrai-nos do fogo do inferno.

℟. Levai as almas todas para o céu e socorrei principalmente as que mais precisarem.

Mistérios Gozosos

Segundas-feiras e sábados.

1º. A Encarnação

O Anjo do Senhor anunciou a Maria. Disse Maria ao Anjo: "Como se fará isto se não conheço varão?" O Anjo respondeu: "O Espírito Santo virá sobre ti, e a virtude do Altíssimo te cobrirá com a sua sombra, e por isso o Santo gerado de ti será chamado

Filho de Deus". Disse Maria: "Eis aqui a escrava do Senhor; faça-se em mim segundo a tua palavra" (cf. Lc 1, 26–38).

2º. A Visitação de Nossa Senhora à sua prima Santa Isabel

Maria levantou-se e dirigiu-se sem demora à montanha, a uma cidade de Judá, para visitar sua prima Santa Isabel. Isabel ficou cheia do Espírito Santo e exclamou em voz alta: "Bendita és tu entre as mulheres e bendito é o fruto do teu ventre" (cf. Lc 1, 39–56).

3º. O Nascimento do Filho de Deus em Bélem

Maria deu à luz seu filho primogênito, e envolveu-o em panos e deitou-o numa manjedoura, por não haver lugar para eles na estalagem (cf. Lc 2, 1–20).

4º. A Purificação de Nossa Senhora

Assim que se completaram os dias da purificação, levaram o Menino ao Templo, conforme está escrito na Lei do Senhor (cf. Lc 2, 22–30).

5º. O Menino-Deus perdido e achado no Templo

O Menino Jesus ficou em Jerusalém e os seus pais, depois de o procurarem durante três dias, encontraram-no no meio dos doutores, ouvindo-os e interrogando-os (cf. Lc 2, 41–50).

Mistérios Luminosos

Quintas-feiras.

1º. O Batismo do Senhor

Então Jesus veio da Galileia ao Jordão, para ser batizado por João. E uma voz dos céus disse: "Este é o meu Filho, o amado, em quem pus as minhas complacências" (cf. Mt 3, 13.17).

2º. As Bodas de Caná

Celebravam-se bodas em Caná da Galileia. Jesus, sua Mãe e os discípulos estavam presentes. "Não têm vinho", disse Maria ao Filho. E depois, aos servos: "Fazei o que ele vos disser". Jesus converteu a água em vinho, o seu primeiro milagre. E os discípulos creram nele (cf. Jo 2, 1–11).

3º. O anúncio do Reino

Cumpriu-se o tempo e o Reino de Deus está para chegar: "Convertei-vos e crede no Evangelho". Toda a multidão ia até Ele, e Ele os ensinava (cf. Mc 1, 15 e 2, 13).

4º. A Transfiguração

E Jesus transfigurou-se diante deles, de modo que o seu rosto se tornou resplandecente como o sol, e as suas vestes brancas como a luz. Uma nuvem envolveu-os, e dela veio a voz: "Eis o meu Filho muito amado, em quem pus toda minha afeição; ouvi-o" (cf. Mt 17, 1–4).

5º. A Instituição da Eucaristia

Durante a refeição, Jesus tomou o pão, benzeu-o, partiu-o e o deu aos discípulos, dizendo: "Tomai e comei, isto é meu corpo". Tomou depois o cálice, rendeu graças e deu-lho, dizendo: "Bebei dele todos, porque isto é meu sangue, o sangue da Nova Aliança, derramado por muitos homens em remissão dos pecados" (Mt 26, 26–28).

Mistérios Dolorosos

Terças e sextas-feiras.

1º. A Oração no Horto

Jesus foi com os seus discípulos a um lugar chamado Getsêmani e dizia: "Pai, se quiseres, faz com que se afaste de mim este cálice... Não se faça, porém, a minha vontade, mas a tua" (cf. Lc 22, 39–42).

2º. A Flagelação do Senhor

Pilatos disse: "Que farei de Jesus, que se chama o Cristo?" E a multidão exaltada gritou: "Crucifica-o, crucifica-o!" E Pilatos mandou açoitar Jesus (cf. Mc 15, 1–15).

3º. A Coroação de Espinhos

Os soldados cobriram Jesus com um trapo velho e sujo de púrpura, e coroaram-no com uma coroa de espinhos e começaram a escarnecer d'Ele: "Salve, Rei dos judeus", ferindo-lhe a cabeça com uma cana e cuspindo nEle (cf. Mc 15, 16–20).

4º. A CRUZ ÀS COSTAS
Com a Cruz às costas, Jesus caminha para o lugar chamado Calvário, que em hebraico se chama Gólgota. Enquanto o conduziam, lançaram mão de um certo Simão de Cirene, que vinha do campo, e o carregaram com a Cruz, para que a levasse atrás de Jesus (cf. Lc 23, 26–32).

5º. JESUS MORRE NA CRUZ
As trevas cobriram toda a terra; Jesus, clamando em alta voz, disse: "Pai, em tuas mãos entrego o meu espírito". Dizendo isto, expirou (cf. Lc 23, 44–46).

Mistérios Gloriosos

Quartas-feiras e domingos.

1º. A RESSURREIÇÃO DO SENHOR
Passado o sábado, já prestes a amanhecer o primeiro dia da semana, Maria Madalena e Maria, mãe de Tiago, foram ao sepulcro. Entrando, ficaram consternadas porque não encontraram o corpo de Jesus. O Anjo, dirigindo-se às mulheres, disse: "Não temais; sei que procurais Jesus Nazareno. Não está aqui porque ressuscitou, como tinha anunciado" (cf. Mt 28, 1–7).

2º. A ASCENSÃO DO SENHOR AOS CÉUS
Jesus levou os seus discípulos a caminho de Betânia, e, levantando as mãos, abençoou-os. E, enquanto os abençoava, afastou-se deles e elevou-se ao céu. E eles, depois de se prostrarem

diante dEle, voltaram a Jerusalém com grande alegria (cf. Lc 24, 50–53).

3º. A Vinda do Espírito Santo
De repente veio do céu um estrondo como de vento impetuoso, que encheu toda a casa onde estavam os discípulos. Ficaram todos cheios do Espírito Santo e começaram a falar várias línguas (cf. At 2, 1–11).

4º. A Assunção de Nossa Senhora
Maria foi levada por Deus, em corpo e alma, para o céu. E os Anjos se alegram! Grandes coisas foram ditas de ti, ó Maria, que foste exaltada acima dos coros dos Anjos, e triunfas para sempre em Cristo (cf. Missal Romano, Antífona da Missa da Vigília da Assunção de Nossa Senhora).

5º. A Coroação de Maria Santíssima
És toda formosa, e não há mancha em ti. És horto cerrado, minha irmã, Esposa, horto cerrado, fonte selada. Vem, serás coroada. Apareceu no céu um sinal grandioso: uma Mulher revestida de Sol, com a Lua a seus pés; na cabeça, uma coroa com doze estrelas (cf. Ct 4, 7–12 e Ap 12, 1).

Ladainha de Nossa Senhora

℣. Senhor, tende piedade de nós.
℟. Senhor, tende piedade de nós.
℣. Jesus Cristo, tende piedade de nós.
℟. Jesus Cristo, tende piedade de nós.
℣. Senhor, tende piedade de nós.
℟. Senhor, tende piedade de nós.
℣. Jesus Cristo, ouvi-nos.
℟. Jesus Cristo, ouvi-nos.
℣. Jesus Cristo, atendei-nos.
℟. Jesus Cristo, atendei-nos.
℣. Deus Pai dos Céus, ℟. Tende piedade de nós.
Deus Filho Redentor do mundo,
Deus Espírito Santo, Santíssima Trindade, que sois um só Deus,
℣. Santa Maria, ℟. Rogai por nós.
Santa Mãe de Deus,
Santa Virgem das Virgens,
Mãe de Jesus Cristo,
Mãe da Igreja,
Mãe da divina graça,
Mãe puríssima,
Mãe castíssima,
Mãe imaculada,
Mãe intacta,
Mãe amável,
Mãe admirável,
Mãe do bom conselho,

℣. Mãe do Criador, ℟. Rogai por nós.
Mãe do Salvador,
Virgem prudentíssima,
Virgem veneranda,
Virgem digna de louvor,
Virgem poderosa,
Virgem clemente,
Virgem fiel,
Espelho da justiça,
Sede da sabedoria,
Causa da nossa alegria,
Vaso espiritual,
Vaso honorável,
Vaso insigne de devoção,
Rosa mística,
Torre de Davi,
Torre de marfim,
Casa de ouro,
Arca da aliança,
Porta do Céu,
Estrela da manhã,
Saúde dos enfermos,
Refúgio dos pecadores,
Consoladora dos aflitos,
Auxílio dos cristãos,
Rainha dos Anjos,

Rainha dos Patriarcas, ℟. Rogai por nós
Rainha dos Profetas,
Rainha dos Apóstolos,
Rainha dos Mártires,
℣. Rainha dos Confessores,.
Rainha das Virgens,
Rainha de todos os Santos,
Rainha concebida sem pecado original,
Rainha assunta aos Céus,
Rainha do Santíssimo Rosário,
Rainha da Paz,
℣. Cordeiro de Deus, que tirais os pecados do mundo.
℟. Perdoai-nos, Senhor.
℣. Cordeiro de Deus, que tirais os pecados do mundo.
℟. Ouvi-nos, Senhor.
℣. Cordeiro de Deus, que tirais os pecados do mundo.
℟. Tende piedade de nós.

À vossa proteção nos acolhemos, Santa Mãe de Deus; não desprezeis as súplicas que em nossas necessidades Vos dirigimos, mas livrai-nos sempre de todos os perigos, ó Virgem gloriosa e bendita.
℣. Rogai por nós, Santa Mãe de Deus.
℟. Para que sejamos dignos das promessas de Cristo.

Oremos. Infundi, Senhor, nós Vos pedimos, em nossas almas a vossa graça, para que nós, que conhecemos pela Anunciação do Anjo a Encarnação de Jesus Cristo, vosso Filho, cheguemos por sua Paixão e sua Cruz à glória da Ressurreição. Pelo mesmo Jesus Cristo, Senhor Nosso. Amém.

Oração a São José

Para rezar depois do terço.

A vós, São José, recorremos em nossa tribulação, e (depois de termos invocado o auxílio da vossa santíssima Esposa) cheios de confiança solicitamos o vosso patrocínio. Por esse laço sagrado de caridade que vos uniu à Virgem Imaculada, Mãe de Deus, e pelo amor paternal que tivestes ao Menino Jesus, ardentemente vos suplicamos que lanceis um olhar benigno para a herança que Jesus Cristo conquistou com o seu sangue, e nos socorrais em nossas necessidades com o vosso auxílio e poder. Protegei, ó Guarda providente da divina Família, a raça eleita de Jesus Cristo; afastai para longe de nós, ó Pai amantíssimo, a peste do erro e do vício; assisti-nos do alto do céu, ó nosso fortíssimo sustentáculo, na luta contra o poder das trevas; e assim como outrora salvastes da morte a vida ameaçada do Menino Jesus, assim também defendei agora a santa Igreja de Deus contra as ciladas dos seus inimigos e contra toda adversidade. Amparai a cada um de nós com o vosso constante patrocínio, a fim de que, seguindo o vosso exemplo e sustentados com o vosso auxílio, possamos viver virtuosamente, morrer piedosamente e obter no céu a eterna bem-aventurança.

Via-Sacra

Com o piedoso exercício da Via-Sacra, recordam-se as dores que o Divino Redentor sofreu no caminho desde o Pretório de Pilatos, onde foi condenado à morte, até o monte Calvário, onde morreu na Cruz pela nossa salvação.

Oração diante do altar

Em união com Maria, a Mãe das dores, vamos, ó Jesus, percorrer o caminho doloroso por onde passastes para consumar a nossa Redenção no Calvário. Que esta meditação dos principais mistérios da vossa Paixão nos encha o coração de compunção por nossos pecados e de reconhecimento pelo vosso grande amor para conosco.

Antes de cada estação

℣. Nós Vos adoramos, ó Jesus, e Vos bendizemos.

℟. Porque pela vossa Santa Cruz redimistes o mundo.

Depois de cada estação

℣. Senhor, pequei.

℟. Tende piedade e misericórdia de mim.

Estações

1ª. Jesus é condenado à morte
Fazei-me, ó divino Salvador, detestar o pecado que Vos condena em meu lugar.

2ª. Jesus toma a sua Cruz
Por vossa morte na Cruz, Vos tornastes, ó Jesus, o Rei das nossas almas.

3ª. Jesus cai sob o peso da Cruz
Em minhas fraquezas, reerguei-me Senhor.

4ª. Jesus encontra Maria, sua Mãe Santíssima
Quem poderia conter as lágrimas ao ver a Mãe de Cristo em tal suplício? Meus pecados são a causa dessa dor. Ó Maria, obtende-me a graça de detestá-los.

5ª. Simão Cireneu ajuda Jesus a carregar a Cruz
Para mim também virão graças da Cruz. Fazei-me, Senhor, levá-la seguindo-Vos em expiação de minhas faltas.

6ª. Uma piedosa mulher enxuga a Face de Jesus
Imprimi, Senhor, em minha alma os traços do Homem das Dores, a fim de assemelhar-me a Ele por meus sofrimentos.

7ª. Jesus cai pela segunda vez

É ao peso esmagador dos pecados, sempre repetidos por mim, que Jesus torna a cair. Que me levante Ele sempre de novo.

8ª. Jesus consola as Filhas de Jerusalém

Filhas de Jerusalém, não choreis por mim, mas chorai por vós e pelos vossos filhos.

9ª. Jesus cai pela terceira vez

Obrigado, ó Jesus, por Vos terdes assim humilhado, a fim de me levantardes novamente.

10ª. Jesus é despojado de suas vestes

Deste modo expiais minhas imodéstias, Senhor. Dai-me o espírito de pureza e penitência.

11ª. Jesus é pregado na Cruz

Jesus, convosco eu quero ser pregado à minha cruz de cada dia.

12ª. Jesus morre na Cruz

Aprende, ó minha alma, a morrer para o pecado, pois a sua gravidade é tanta que exige a morte do Homem-Deus para ser expiado.

13ª. Jesus é descido da Cruz e entregue à sua Mãe

Ó Mãe das dores, que chorais sobre os vossos filhos mortos pelo pecado, alcançai-me sincera dor de minhas faltas.

14ª. Jesus é colocado no Sepulcro

Que seja eu sepultado convosco, ó Jesus, e morto ao mundo, para convosco ressuscitar para uma vida nova. Por vossa sepultura e santa Ressurreição, livrai-me, Senhor.

No fim

Jesus, morto por mim, concedei-me a graça de morrer num ato de perfeita caridade para convosco. Santa Maria, Mãe de Deus, rogai por mim agora e na hora da minha morte. São José, meu Pai e Senhor, alcançai-me que morra com a morte dos justos. Amém.

Hinos, cânticos e salmos

Símbolo Atanasiano

Resumo das verdades de fé sobre a Santíssima Trindade e a dupla natureza de Cristo.

Antífona. Glória a Vós, Trindade igual, única Divindade, antes de todos os séculos, e agora e sempre. (*T.P. Aleluia.*)

1. Quem quiser salvar-se deve antes de tudo professar a fé católica.
2. Porque aquele que não a professar, integral e inviolavelmente, perecerá sem dúvida por toda a eternidade.
3. A fé católica consiste em adorar um só Deus em três Pessoas e três Pessoas em um só Deus.

Sýmbolum Athanasiánum (Quicúmque)

Antíphona. *Glória tibi, Trínitas aequális, una Déitas, et ante ómnia saecula, et nunc, et in perpétuum.* (*T. P. Allelúia.*)

1. Quicúmque vult salvus esse, ante ómnia opus est, ut téneat cathólicam fidem:
2. Quam nisi quisque íntegram inviolatámque serváverit, absque dúbio in aetérnum períbit.
3. Fides autem cathólica haec est: ut unum Deum in Trinitáte, et Trinitátem in unitáte venerémur.

4. Sem confundir as Pessoas nem separar a substância.
5. Porque uma só é a Pessoa do Pai, outra a do Filho, outra a do Espírito Santo.
6. Mas uma só é a divindade do Pai, e do Filho, e do Espírito Santo, igual a glória, coeterna a majestade.
7. Tal como é o Pai, tal é o Filho, tal é o Espírito Santo.
8. O Pai é incriado, o Filho é incriado, o Espírito Santo é incriado.
9. O Pai é imenso, o Filho é imenso, o Espírito Santo é imenso.
10. O Pai é eterno, o Filho é eterno, o Espírito Santo é eterno.
11. E contudo não são três eternos, mas um só eterno.
12. Assim como não são três incriados, nem três imensos, mas um só incriado e um só imenso.

4. Neque confundéntes persónas, neque substántiam separántes.
5. Alia est enim persóna Patris, ália Fílii, ália Spíritus Sancti.
6. Sed Patris, et Fílii, et Spíritus Sancti una est divínitas, aequális glória, coaetérna maiéstas.
7. Qualis Pater, talis Fílius, talis Spíritus Sanctus.
8. Increátus Pater, increátus Fílius, increátus Spíritus Sanctus.
9. Imménsus Pater, imménsus Fílius, imménsus Spíritus Sanctus.
10. Aetérnus Pater, aetérnus Fílius, aetérnus Spíritus Sanctus.
11. Et tamen non tres aetérni, sed unus aetérnus.
12. Sicut non tres increáti, nec tres imménsi, sed unus increátus et unus imménsus.

13. Da mesma maneira, o Pai é onipotente, o Filho é onipotente, o Espírito Santo é onipotente.
14. E contudo não são três onipotentes, mas um só onipotente.
15. Assim o Pai é Deus, o Filho é Deus, o Espírito Santo é Deus.
16. E contudo não são três deuses, mas um só Deus.
17. Do mesmo modo, o Pai é Senhor, o Filho é Senhor, o Espírito Santo é Senhor.
18. E contudo não são três senhores, mas um só Senhor.
19. Porque, assim como a verdade cristã nos manda confessar que cada uma das Pessoas é Deus e Senhor, do mesmo modo a religião católica nos proíbe dizer que são três deuses ou senhores.

13. Simíliter omnípotens Pater, omnípotens Fílius, omnípotens Spíritus Sanctus.
14. Et tamen non tres omnipoténtes, sed unus omnípotens.
15. Ita Deus Pater, Deus Fílius, Deus Spíritus Sanctus.
16. Et tamen non tres Dii, sed unus est Deus.
17. Ita Dóminus Pater, Dóminus Fílius, Dóminus Spíritus Sanctus.
18. Et tamen non tres Dómini: sed unus est Dóminus.
19. Quia, sicut singillátim unamquámque persónam Deum ac Dóminum confitéri christiána veritáte compéllimur: ita tres Deos aut Dóminos dícere cathólica religióne prohibémur.

20. O Pai não foi feito, nem gerado, nem criado por ninguém.
21. O Filho procede do Pai; não foi feito, nem criado, mas gerado.
22. O Espírito Santo não foi feito, nem criado, nem gerado, mas procede do Pai e do Filho.
23. Não há, pois, senão um só Pai, e não três Pais; um só Filho, e não três Filhos; um só Espírito Santo, e não três Espíritos Santos.
24. E nesta Trindade não há nem mais antigo nem menos antigo, nem maior nem menor, mas as três Pessoas são coeternas e iguais entre si.
25. De sorte que, como se disse acima, em tudo se deve adorar a unidade na Trindade e a Trindade na unidade.

20. Pater a nullo est factus: nec creátus, nec génitus.
21. Fílius a Patre solo est: non factus, nec creátus, sed génitus.
22. Spíritus Sanctus a Patre et Fílio: non factus, nec creátus, nec génitus, sed procédens.
23. Unus ergo Pater, non tres Patres: unus Fílius, non tres Fílii: unus Spíritus Sanctus, non tres Spíritus Sancti.
24. Et in hac Trinitáte nihil prius aut postérius, nihil maius aut minus: sed totae tres persónae coaetérnae sibi sunt et coaequáles.
25. Ita ut per ómnia, sicut iam supra dictum est, et únitas in Trinitáte, et Trínitas in unitáte veneránda sit.

26. Quem, pois, quiser salvar-se, deve pensar assim a respeito da Trindade.
27. Mas, para alcançar a salvação, é necessário ainda crer firmemente na Encarnação de Nosso Senhor Jesus Cristo.
28. A pureza da nossa fé consiste, pois, em crer ainda e confessar que Nosso Senhor Jesus Cristo, Filho de Deus, é Deus e homem.
29. É Deus, gerado na substância do Pai desde toda a eternidade; é homem porque nasceu, no tempo, da substância da sua Mãe.
30. Deus perfeito e homem perfeito, com alma racional e carne humana.
31. Igual ao Pai segundo a divindade; menor que o Pai segundo a humanidade.

26. Qui vult ergo salvus esse, ita de Trinitáte séntiat.
27. Sed necessárium est ad aetérnam salútem, ut Incarnatiónem quoque Dómini nostri Iesu Christi fidéliter credat.
28. Est ergo fides recta, ut credámus et confiteámur quia Dóminus noster Iesus Christus, Dei Fílius, Deus et homo est.
29. Deus est ex substántia Patris ante saecula génitus: et homo est ex substántia matris in saeculo natus.
30. Perféctus Deus, perféctus homo: ex ánima rationáli et humána carne subsístens.
31. Aequális Patri secúndum divinitátem: minor Patre secúndum humanitátem.

32. E embora seja Deus e homem, contudo não são dois, mas um só Cristo.

33. É um, não porque a divindade se tenha convertido em humanidade, mas porque Deus assumiu a humanidade.

34. Um, finalmente, não por confusão de substâncias, mas pela unidade da Pessoa.

35. Porque, assim como a alma racional e o corpo formam um só homem, assim também a divindade e a humanidade formam um só Cristo.

36. Ele sofreu a morte por nossa salvação, desceu aos infernos e ao terceiro dia ressuscitou dos mortos.

37. Subiu aos céus e está sentado à direita de Deus Pai todo-poderoso, donde há de vir a julgar os vivos e os mortos.

32. Qui, licet Deus sit et homo, non duo tamen, sed unus est Christus.

33. Unus autem non conversióne divinitátis in carnem: sed assumptióne humanitátis in Deum.

34. Unus omníno, non confusióne substántiae: sed unitáte persónae.

35. Nam sicut ánima rationális et caro unus est homo: ita Deus et homo unus est Christus.

36. Qui passus est pro salúte nostra: descéndit ad ínferos: tértia die resurréxit a mórtuis.

37. Ascéndit ad caelos, sedet ad déxteram Dei Patris omnipoténtis: inde ventúrus est iudicáre vivos et mórtuos.

38. Ad cuius advéntum omnes hómines resúrgere habent cum corpóribus suis: et

38. E quando vier, todos os homens ressuscitarão com os seus corpos, para prestar contas dos seus atos.

39. E os que tiverem praticado o bem irão para a vida eterna, e os maus para o fogo eterno.

40. Esta é a fé católica, e quem não a professar fiel e firmemente não se poderá salvar.

Glória ao Pai.

redditúri sunt de factis própriis ratiónem.

39. Et qui bona egérunt, ibunt in vitam aetérnam: qui vero mala, in ignem aetérnum.

40. Haec est fides cathólica, quam nisi quisque fidéliter firmitérque credíderit, salvus esse non póterit.

Gloria Patri.

Antífona. Glória a Vós, Trindade igual, única Divindade, antes de todos os séculos, e agora e sempre. (*T.P. Aleluia.*)

℣. Senhor, escutai a minha prece.

℟. E chegue até Vós o meu clamor.

Antíphona. Glória tibi, Trínitas aequális, una Déitas, et ante ómnia saecula, et nunc, et in perpétuum. (*T. P. Allelúia.*)

℣. Dómine, exáudi oratiónem meam.

℟. Et clamor meus ad te véniat.

Oremos. Ó Deus todo-poderoso e eterno, que com a luz da verdadeira fé destes aos vossos

Oremus. Omnípotens sempitérne Deus, qui dedísti fámulis tuis, in confessióne verae

servos que conhecessem a glória da Trindade eterna e adorassem a Unidade no poder da vossa majestade: fazei, Vos suplicamos, que, pela firmeza dessa mesma fé, sejamos defendidos sempre de toda adversidade. Por Jesus Cristo Senhor Nosso. Amém.

fídei, aetérnae Trinitátis glóriam agnóscere, et in poténtia maiestátis adoráre unitátem: quaesumus; ut, eiúsdem fídei firmitáte, ab ómnibus semper muniámur advérsis. Per Dóminum nostrum Iesum Christum Fílium tuum: qui tecum vivit et regnat in unitáte Spíritus Sancti Deus, per ómnia saecula saeculórum.
℟. Amen.

Hino de ação de graças

A Vós, ó Deus, louvamos; a Vós, Senhor, bendizemos.
A Vós, ó eterno Pai, adora toda a terra.
A Vós, todos os Anjos, os Céus e todas as Potestades.
A Vós, os Querubins e Serafins proclamam com incessantes vozes:
Santo, Santo, Santo, sois Vós, Senhor, Deus dos exércitos!

Te Deum

Te Deum laudámus: te Dóminum confitémur.
Te aeternum Patrem omnis terra venerátur.
Tibi omnes Angeli, tibi caeli et univérsae potestátes;
Tibi Chérubim et Séraphim incessábili voce proclámant:
Sanctus, Sanctus, Sanctus Dóminus Deus Sábaoth.
Pleni sunt caeli et terra maiestátis glóriae tuae.

Cheios estão os céus e a terra da majestade da vossa glória.
A Vós, o glorioso coro dos Apóstolos,
a Vós, o louvável número dos Profetas,
a Vós vos louva o brilhante exército dos Mártires,
a Vós confessa a Santa Igreja por toda a redondeza da terra,
Pai de imensa majestade, ao vosso adorável Filho, verdadeiro e único, e também ao Espírito Santo Consolador.
Vós, ó Cristo, sois o Rei da glória.
Vós sois o Filho eterno do Pai.
Vós, para libertar o homem cuja carne havíeis de tomar, não rejeitastes o seio da Virgem.
Vós, vencido o aguilhão da morte, abristes aos fiéis o Reino dos céus.
Vós estais sentado à mão direita de Deus, na glória do Pai.
Cremos que haveis de vir como Juiz.

Te gloriósus Apostolórum chorus,
Te Prophetárum laudábilis númerus,
Te Mártyrum candidátus laudat exércitus.
Te per orbem terrárum sancta confitétur Ecclésia.
Patrem imménsae maiestátis;
Venerándum tuum verum et únicum Fílium; Sanctum quoque Paráclitum Spíritum.
Tu, Rex glóriae, Christe, Tu Patris sempitérnus es Fílius.
Tu, ad liberándum susceptúrus hóminem, non horruíste Vírginis úterum.
Tu, devícto mortis acúleo, aperuísti credéntibus regna caelórum.
Tu ad déxteram Dei sedes in glória Pátris.
Iudex créderis esse ventúrus.

O seguinte versículo diz-se de joelhos:

Por isso Vos rogamos: socorrei os vossos servos, que remistes com o vosso precioso Sangue.

Permiti que sejamos do número dos vossos Santos na glória eterna.

Salvai, Senhor, o vosso povo, e abençoai a vossa herança.

Governai-os e exaltai-os eternamente.

Todos os dias Vos bendizemos.

E louvamos sempre o vosso Nome, por todos os séculos dos séculos.

Dignai-Vos, Senhor, preservar-nos neste dia de todo o pecado.

Tende piedade de nós, Senhor; tende piedade de nós.

Faça-se, Senhor, a vossa misericórdia sobre nós, conforme esperamos em Vós.

Em Vós, Senhor, esperei; não serei confundido eternamente.

℣. Bendito sois, Senhor, Deus de nossos pais!

Genuflexit:

Te ergo quaésumus tuis fámulis súbveni, quos pretioso sánguine redemísti.

Aetérna fac cum Sanctis tuis in glória numerári.

Salvum fac pópulum tuum, Dómine, et bénedic haereditáti tuae.

Et rege eos, et extólle illos usque in aetérnum.

Per síngulos dies benedícimos te.

Et laudámus nomem tuum in saéculum, et in saéculum saéculi.

Dignare, Dómine, die isto sine peccáto nos custodíre.

Miseréri nostri, Dómine, miserére nostri.

Fiat misericórdia tua, Dómine, super nos, quaemadmodum sperávimus in te.

In te, Dómine, sperávi: non confúndar in aetérnum.

℣. Benedíctus es, Dómine, Deus patrum nostrórum.

℟. E digno de louvor e glorioso eternamente.

℣. Bendigamos o Pai, e o Filho, e o Espírito Santo.

℟. Louvemos e por todos os séculos O exaltemos.

℣. Bendito sois, Senhor Deus, no firmamento do céu.

℟. Louvável, glorioso e soberanamente exaltado por todos os séculos.

℣. Bendiz, ó minha alma, o Senhor.

℟. E não te esqueças de todos os seus benefícios.

℣. Ouvi, Senhor, a minha oração.

℟. E chegue até Vós o meu clamor.

Os sacerdotes acrescentam:

℣. O Senhor esteja convosco.

℟. Ele está no meio de nós.

Oremos. Ó Deus, cuja misericórdia é sem limite e cuja bondade é um tesouro inesgotável,

℟. Et laudábilis, et gloriósus in saécula.

℣. Benedicámus Patrem et Fílium cum Sancto Spíritu.

℟. Laudémus et superexaltémus eum in saécula.

℣. Benedíctus es, Dómine, in firmaménto cæli.

℟. Et laudábilis, et gloriósus, et superexaltátus in saécula.

℣. Bénedic, ánima mea, Dómino.

℟. Et noli oblivísci omnes retributiónes eius.

℟. Dómine, exáudi oratiónem meam.

℟. Et clamor meus ad te véniat.

Sacerdotes addunt:

℣. Dóminus vobíscum.

℟. Et cum spíritu tuo.

Oremus. Deus, cuius misericórdiae non est númerus, et bonitátis infinítus est thesáurus;

prostrados ante a vossa piíssima Majestade, nós Vos rendemos graças pelos benefícios que nos haveis feito, suplicando sempre a vossa clemência, para que não desampareis nunca aqueles a quem concedestes o que Vos pediram, e os disponhais para receber os prêmios eternos. Por Cristo, Nosso Senhor. Amém.

piíssimae Maiestáti tuae pro collátis donis grátias ágimus, tuam semper cleméntiam exorántes; ut, qui peténtibus postuláta concédis, eósdem non déserens, ad praemia futúra dispónas. Per Christum Dóminum nostrum. Amen.

Sequência do Espírito Santo

1. Vinde, Santo Espírito,
e do céu mandai
luminoso raio.

2. Vinde, Pai dos pobres:
doador dos dons
luz dos corações.

3. Grande defensor,
em nós habitais
e nos confortais.

4. Na fadiga, pouso
no ardor, brandura
e na dor, ternura.

Sequentia: Veni, Sancte Spíritus

1. Veni, Sancte Spíritus,
et emítte caélitus
lucis tuae rádium.

2. Veni, pater páuperum,
veni, dator múnerum,
veni, lumen córdium.

3. Consolátor óptime,
dulcis hospes ánimae,
dulce refrigérium.

4. In labóre réquies,
in aestu tempéries,
in fletu solácium.

5. Ó luz venturosa,
que vossos clarões
encham os corações.

6. Sem vosso poder
em qualquer vivente
nada há de inocente.

7. Lavai o impuro
e regai o seco,
curai o enfermo.

8. Dobrai a dureza,
aquecei o frio,
livrai do desvio.

9. Aos vossos fiéis
que oram com vibrantes
sons dai os sete dons.

10. Dai virtude e prêmio
e no fim dos dias
eterna alegria.

Amém. (*T.P. Aleluia.*)

5. O lux beatíssima,
reple cordis íntima
tuórum fidélium.

6. Sine tuo númine,
nihil est in hómine
nihil est innóxium.

7. Lava quod est sórdidum,
riga quod est áridum,
sana quod est sáucium.

8. Flecte quod est rígidum,
fove quod est frígidum,
rege quod est dévium.

9. Da tuis fidélibus,
in te confidéntibus,
sacrum septenárium.

10. Da virtútis méritum,
da salútis éxitum,
da perénne gáudium.

Amen. (*T.P. Allelúia.*)

Veni, Creator

1. Vinde, Espírito Criador, visitai as almas dos vossos fiéis; enchei de graça celestial os corações que Vós criastes.

2. Vós, chamado o Consolador, dom do Deus altíssimo, fonte viva, fogo, caridade e unção espiritual.

3. Vós, com vossos sete dons, sois força da destra de Deus; Vós, o prometido pelo Pai, ditais-nos os gemidos da oração.

4. Acendei a vossa luz em nossas almas, infundi o vosso amor em nossos corações; e a fraqueza da nossa carne, fortalecei-a com perpétua força.

5. O inimigo, afugentai-o para longe; dai-nos

1. Veni, creátor Spíritus
mentes tuórum vísita,
imple supérna grátia,
quae tu creásti, péctora.

2. Qui díceris Paráclitus,
altíssimum donum Dei,
fons vivus, ignis, cáritas
et spiritális únctio.

3. Tu septifórmis múnere,
digitus patérnae déxterae,
tu rite promíssum Patris
sermóne ditans gúttura.

4. Accénde lumen sénsibus,
infúnde amórem córdibus,
infírma nostri córporis
virtúte firmans pérpeti.

5. Hostem repéllas lóngius
pacémque dones prótinus;
dúctore sic te praevio,
vitémus omne nóxium.

6. Per te sciámus da Patrem
noscámus atque Fílium,

quanto antes a paz; tendo-Vos por guia e condutor, venceremos todos os perigos.

6. Que por Vós conheçamos o Pai, conheçamos igualmente o Filho, e em Vós, Espírito de ambos, creiamos em todo o tempo.

Glória a Deus Pai, ao Filho que ressuscitou, e ao Espírito Santo Consolador, pelos séculos dos séculos.
Amém.

teque utriúsque Spíritum
credámus omni témpore.

Deo Patri sit glória,
et Fílio, qui a mórtuis
surréxit, ac Paráclito,
in saeculórum saecula.
Amen.

Magnificat

Hino de ação de graças de Nossa Senhora.

Minha alma glorifica o Senhor.
E o meu espírito exulta de alegria em Deus, meu Salvador.
Porque olhou para a baixeza da sua serva, eis que desde agora me chamarão

Magníficat ánima mea Dóminum.
Et exultávit spíritus meus, in Deo, salvatóre meo.
Quia respéxit humilitátem ancíllae suae:
Ecce enim ex hoc beátam me

bem-aventurada todas as gerações.
Porque fez em mim grandes coisas Aquele que é poderoso e cujo nome é santo.
E a sua misericórdia se estende de geração em geração sobre os que o temem.
Manifestou o poder do seu braço, desconcertou os corações dos soberbos.
Derrubou do trono os poderosos e exaltou os humildes.
Saciou de bens os indigentes e despediu de mãos vazias os ricos.
Acolheu Israel, seu servo, lembrando-se da sua misericórdia, conforme prometera a nossos pais, a Abraão e à sua descendência, para sempre.

dicent omnes generatiónes.
Quia fécit mihi magna qui pótens est: et sánctum nómen eius.
Et misericórdia eius in progénies et progénies timéntibus eum.
Fécit poténtiam in bráchio suo: dispérsit supérbos mente cordis sui.
Depósuit poténtes de sede: et exaltávit húmiles.
Esuriéntes implévit bonis: et dívites dimísit inánes.
Suscépit Ísrael púerum suum: recordátus misericórdiae.
Sicut locútus est ad patres nostros: Ábraham, et sémini eius in saecula.

Salmo 2

Salmo da realeza de Cristo.

Antífona. Seu reinado é sempiterno; e todos os reis o servirão e lhe obedecerão. (*T.P. Aleluia.*)

1. Por que se amotinam as nações, e os povos maquinam planos vãos?
2. Sublevam-se os reis da terra, e os príncipes coligam-se contra o Senhor e contra o seu Ungido.
3. "Quebremos", disseram, "as suas cadeias, e sacudamos de nós o seu jugo!"
4. Aquele que habita nos céus ri-se, o Senhor zomba deles.
5. Ele lhes fala então na sua ira, e no seu furor os aterroriza:
6. "Eu, porém, constituí o meu rei sobre Sião, meu monte santo!"

Psalmus 2

Antiphona. Regnum eius regnum sempitérnum est, et omnes reges sérvient ei et obœdient. (*T. P. Allelúia.*)

1. Quare fremuérunt gentes, et pópuli meditáti sunt inánia?
2. Astitérunt reges terrae, et príncipes convenérunt in unum advérsus Dóminum et advérsus christum eius:
3. "Dirumpámus víncula eórum et proiciámus a nobis iugum ipsórum!".
4. Qui hábitat in caelis, irridébit eos, Dóminus subsannábit eos.
5. Tunc loquétur ad eos in ira sua et in furóre suo conturbábit eos:
6. "Ego autem constítui regem meum super Sion, montem sanctum meum!".

7. Promulgarei o decreto do Senhor. O Senhor disse-me: "Tu és meu filho; eu hoje te gerei.	7. Praedicábo decrétum eius. Dóminus dixit ad me: "Fílius meus es tu; ego hódie génui te.
8. Pede-me e eu te darei as nações em herança, e em teu domínio as extremidades da terra.	8. Póstula a me, et dabo tibi gentes hereditátem tuam et possessiónem tuam términos terrae.
9. Tu as governarás com vara de ferro, e qual vaso de oleiro as quebrarás".	9. Reges eos in virga férrea et tamquam vas fíguli confrínges eos".
10. E agora, ó reis, entendei; deixai-vos instruir, vós que governais a terra.	10. Et nunc, reges, intellégite, erudímini, qui iudicátis terram.
11. Servi o Senhor com temor, e louvai-O com tremor.	11. Servíte Dómino in timóre et exsultáte ei cum tremóre.
12. Prestai-lhe vassalagem, para que não se indigne e pereçais fora do caminho, quando em breve se acender a sua cólera. Bem-aventurados todos os que n'Ele confiam.	12. Apprehéndite disciplínam, ne quando irascátur, et pereátis de via, cum exárserit in brevi ira eius. Beati omnes, qui confídunt in eo.
Glória ao Pai, e ao Filho, e ao Espírito Santo.	Glória Patri, et Fílio, et Spirítui Sancto.
Como era no princípio, agora e sempre. Amém.	Sicut erat in princípio, et nunc, et semper, et in saecula saeculórum. Amen.

Antífona. Seu reinado é sempiterno; e todos os reis o servirão e lhe obedecerão. (*T.P. Aleluia.*)

℣. Ouvi, Senhor, a minha oração.

℟. E chegue até Vós o meu clamor.

Os sacerdotes acrescentam:

℣. O Senhor esteja convosco.

℟. Ele está no meio de nós.

Oremos. Ó Deus onipotente e eterno, que tudo quisestes instaurar no vosso amado Filho, Rei do Universo, concedei, propício, que todas as nações desagregadas pela ferida do pecado se submetam ao seu suavíssimo poder. Ele que convosco vive e reina, na unidade do Espírito Santo, Deus, pelos séculos dos séculos.

℟. Amém.

Antíphona. Regnum eius regnum sempitérnum est, et omnes reges sérvient ei et obœdient. (*T. P. Allelúia.*)

℣. Dómine, exaudi oratiónem meam.

℟. Et clamor meus ad te véniat.

Sacerdotes addunt:

℣. Dóminus vobíscum.

℟. Et cum spíritu tuo.

Oremus. Omnípotens sempitérne Deus, qui in diléсto Fílio tuo, universórum Rege, ómnia instauráre voluísti: ut cunctae famíliae géntium, peccáti vúlnere disgregátae, eius suavíssimo subdántur império: Qui tecum vivit et regnat in unitáte Spíritus Sancti Deus: per ómnia saecula saeculórum.

℟. Amen.

Salmo 22

Deus, pastor dos homens.

1. O Senhor é meu pastor, nada me faltará.
2. Em verdes prados me faz repousar. Conduz-me junto às águas refrescantes.
3. Restaura as forças de minha alma. Pelos caminhos retos Ele me leva, por amor do seu nome.
4. Ainda que eu atravesse o vale tenebroso, não temerei mal algum, porque Vós estais comigo. Vosso bordão e vosso báculo são o meu amparo.
5. Preparais para mim a mesa à vista de meus inimigos. Derramais o perfume sobre a minha cabeça, transborda a minha taça.

Psalmus 22

1. Dominus pascit me, et nihil mihi deerit:
2. in pascuis virentibus me collocavit, super aquas quietis eduxit me,
3. animam meam refecit. Deduxit me super semitas justitiae propter nomen suum.
4. Nam et si ambulavero in valle umbrae mortis, non timebo mala, quoniam tu mecum es. Virga tua et baculus tuus, ipsa me consolata sunt.
5. Parasti in conspectu meo mensam adversus eos, qui tribulant me; impinguasti in oleo caput meum, et calix meus redundant.

6. A vossa bondade e misericórdia hão de seguir-me por todos os dias da minha vida. E habitarei na casa do Senhor, por longos dias.	6. Etenim benignitas et misericordia subsequentur me omnibus diebus vitae meae, et inhabitabo in domo Domini in longitudinem dierum.

Salmo 50

Não desprezareis, Senhor, um coração contrito e humilhado.

I. Tende piedade de mim, ó Deus, segundo a vossa infinita misericórdia. E segundo a grandeza da vossa clemência, apagai os traços da minha falta.

Lavai-me de toda a minha iniquidade; purificai-me do meu pecado. Porque reconheço a minha maldade, e tenho sempre o meu pecado diante de mim.

Só contra Vós pequei, e fiz o mal diante dos vossos olhos. Assim é justa a vossa sentença e reto o vosso juízo. Porque reconheço ter sido dado à luz na iniquidade, e em pecado me concebeu a minha mãe.

II. Porque amais a sinceridade de coração, implantai a sabedoria no íntimo de minha

Psalmus 50

I. Miserére mei, Deus, secúndum misericórdiam tuam. Et secúndum multitúdinem miseratiónum tuárum dele iniquitátem meam.

Ámplius lava me ab iniquitáte mea et a peccáto meo munda me. Quóniam iniquitátem meam ego cognósco: et peccátum meum contra me est semper.

Tibi, tibi soli peccávi, et malum coram te feci, ut iustus inveniáris in senténtia tua et aequus in iudício tuo.
Ecce enim in iniquitáte generátus sum: et in peccáto concépit me mater mea.

II. Ecce enim veritátem in corde dilexísti: et in occúlto sapiéntiam manifestásti mihi. Aspérges me hyssópo,

alma. Aspergi-me com o hissopo e serei purificado; lavai-me, e ficarei mais branco que a neve.

Possa eu ouvir de Vós uma palavra de gozo e de alegria, e exultarão meus ossos que triturastes! Desviai a vossa face de meus pecados e apagai todas as minhas iniquidades.

Criai em mim, ó Deus, um coração puro; e renovai em meu íntimo um espírito firme. Não me afasteis da vossa presença, nem me retireis o vosso espírito de santidade. Restituí-me a alegria do vosso salutar auxílio; e fortalecei-me com um espírito generoso.

III.Ensinarei as vossas veredas aos maus, e os pecadores voltarão a Vós. Livrai-me do sangue derramado, ó Deus, meu Salvador; possa minha língua aclamar a vossa benignidade.

et mundábor: lavábis me, et super nivem dealbábor.

Audíre me fácies gáudium et laetítiam, et exsultábunt ossa, quae contrivísti. Avérte fáciem tuam a peccátis meis, et omnes iniquitátes meas dele.

Cor mundum crea in me, Deus, et spíritum firmum ínnova in viscéribus meis. Ne proícias me a fácie tua et spíritum sanctum tuum ne áuferas a me. Redde mihi laetítiam salutáris tui, et spíritu promptíssimo confírma me.

III.Docébo iníquos vias tuas, et ímpii ad te convertèntur. Líbera me de sanguínibus, Deus, Deus salútis meae, et exsultábit língua mea iustítiam tuam.

Dómine, lábia mea apéries, et os meum annuntiábit laudem tuam. Non enim sacrifício delectáris; holocáustum, si ófferam, non placébit.

Senhor, abri os meus lábios, e a minha boca proclamará os vossos louvores. Porque se quisésseis um sacrifício, eu Vo-lo teria oferecido; mas os holocaustos não Vos agradam.

O sacrifício mais agradável a Deus é o espírito vencido pela dor; não desprezareis, ó Deus, um coração contrito e humilhado. Em vossa bondade, Senhor, sede benigno a Sião, para que se reedifiquem os muros de Jerusalém.

Então aceitareis os justos sacrifícios, as oblações e os holocaustos; e Vos oferecerão vítimas sobre o vosso altar.

Sacrifícium Deo spíritus contribulátus; cor contrítum et humiliátum, Deus, non despícies. Benígne fac, Dómine, in bona voluntáte tua Sion, ut aedificéntur muri Ierúsalem.

Tunc acceptábis sacrifícium iustítiae, oblatiónes et holocáusta: tunc impónent super altáre tuum vítulos.

Sacramento da confissão

Para fazer uma boa confissão é necessário:

1. Examinar a consciência, isto é, recordar na presença de Deus todos os pecados cometidos e ainda não confessados por pensamentos, palavras, atos e omissões, contra os Mandamentos de Deus e da Igreja, e contra as obrigações do próprio estado.

2. Ter dor por ter ofendido a Deus. Consiste num desgosto e numa sincera detestação da ofensa feita a Deus. A dor deve ser: interna (não física, mas moral), sobrenatural (porque o pecado ofendeu a Deus), suma (máxima, ainda que o penitente observe fraquezas em si mesmo) e universal (de todos os seus pecados). A dor dos nossos pecados é o mais importante de tudo: se faltar, a confissão é nula.

3. Fazer o propósito de não tornar a pecar e empregar os meios necessários para evitar o pecado.

4. Declarar sinceramente os pecados ao confessor, detalhando a espécie de pecado e o número, se são graves. A acusação deve ser: humilde, sincera, prudente e breve.

5. Cumprir a penitência.

Exame de consciência para a Confissão (Adultos)

Oração. Meu Senhor e meu Deus! Dai-me luz para conhecer os meus pecados, as causas deles e os meios de os evitar. Dai-me a fortaleza de os confessar com toda a fidelidade e verdade, para merecer agora o vosso perdão e a graça da perseverança final. Por Jesus Cristo Senhor nosso. Amém.

As perguntas que se seguem pretendem ser apenas um guia para o exame de consciência. Alguns destes pontos não se referem propriamente a pecados, mas a defeitos e más inclinações que são raízes do pecado. Servirão para a luta pessoal e para fazer propósitos concretos. Para discernir com critério seguro o que é grave, o que é leve ou apenas inconveniente, é preciso seguir o juízo da própria consciência, desde que esta esteja bem formada, com um conhecimento seguro da doutrina cristã. Como é frequente que haja algumas dúvidas, o melhor meio de esclarecê-las é a consulta a um confessor de bom critério.

A confissão precedente

* Há quanto tempo confessei-me pela última vez? Deixei algum pecado grave por confessar? Cumpri a penitência?

Primeiro mandamento da Lei de Deus

* Tenho posto em dúvida ou negado deliberadamente alguma verdade de fé?
* Desesperei da minha salvação ou abusei da confiança em Deus, presumindo que Ele não me abandonaria, para pecar com maior tranquilidade?
* Murmurei externa ou internamente contra o Senhor, quando me aconteceu algo desagradável?
* Abandonei os meios necessários para a salvação: a oração, os Sacramentos, etc.?
* Pratiquei atos de superstição ou espiritismo?

* Recebi indignamente algum Sacramento?
* Li livros, revistas ou jornais que vão contra a fé? Dei-os a ler a outras pessoas?
* Frequentei ou pertenço a alguma associação contrária à religião?
* Deixei-me levar pela vergonha quando foi necessário confessar a fé diante dos outros?
* Esforço-me por adquirir uma cultura religiosa que me permita ser testemunha de Cristo com o exemplo e com a palavra?

Segundo mandamento da Lei de Deus

* Blasfemei ou disse palavras injuriosas contra Deus, contra os Santos ou contra as coisas santas? Diante de outras pessoas?
* Falei sem respeito das coisas santas, da Igreja e dos seus sacerdotes, e dos Sacramentos?
* Fiz algum voto, promessa ou juramento, e deixei de cumpri-lo por minha culpa?
* Jurei sem necessidade? Jurei fazer alguma coisa injusta ou ilícita? Fiz um juramento falso? Reparei os prejuízos que daí tenham podido advir?

Terceiro mandamento da Lei de Deus e primeiro a quarto da Igreja

* Faltei à Missa num domingo ou festa de guarda sem motivo

suficiente? Distraí-me voluntariamente durante a Missa ou cheguei tão tarde que não cumpri o preceito?

* Trabalhei nesses dias corporalmente (ou mandei trabalhar os outros) sem necessidade grave, durante um intervalo de tempo considerável?
* Impedi que alguém que dependesse de mim assistisse à Santa Missa?
* Guardei jejum e abstinência nos dias preceituados pela Igreja Católica?
* Cumpri o preceito de confessar os pecados mortais pelo menos uma vez ao ano?
* Tive em conta que só se pode receber a absolvição coletiva nos casos de emergência em que a Igreja o permite? Se, num desses casos, recebi a absolvição coletiva, cumpri com a obrigação de confessar individualmente a um sacerdote todos os pecados mortais que naquela ocasião não pude confessar?
* Calei na Confissão, por vergonha, algum pecado grave? E depois disso comunguei alguma vez?
* Recebi a Sagrada Comunhão no tempo estabelecido para cumprir com o preceito pascal? Confessei-me para fazê-lo em estado de graça?
* Guardei a disposição do jejum eucarístico, uma hora antes do momento da Comunhão?

Quarto mandamento da Lei de Deus. Filhos

* Desobedeci aos meus pais e legítimos superiores em coisas importantes?
* Tenho uma preocupação desordenada de independência, que me leva a receber mal as indicações dos meus pais?
* Maltratei ou ameacei os meus pais com palavras ou ações, ou desejei-lhes algum mal?
* Deixo-me dominar pelo mau gênio com frequência e sem motivos justificados?
* Briguei com os meus irmãos? Deixei de falar-lhes e de reconciliar-me com eles?
* Dei mau exemplo aos meus irmãos? Senti inveja se se destacaram mais do que eu em algum aspecto?
* Fui preguiçoso no estudo, esquecido da responsabilidade que me cabe perante o esforço dos meus pais pela minha formação?

Quarto mandamento da Lei de Deus. Pais

* Dei mau exemplo aos meus filhos ou subordinados, não cumprindo os meus deveres religiosos, familiares, sociais ou profissionais?
* Deixei de corrigir com firmeza e prontidão os defeitos dos meus filhos? Ameacei-os ou maltratei-os com palavras e obras ou desejei-lhes algum mal?

* Corrijo sempre os meus filhos com justiça e por amor, ou deixo-me levar por motivos egoístas ou de vaidade pessoal, porque me fazem ficar mal diante dos outros, porque interrompem o meu descanso, etc.?
* Desleixei a minha obrigação de ajudar os filhos a cumprir os seus deveres religiosos?
* Abusei da minha autoridade, obrigando-os a receber os Sacramentos, não reparando que poderiam fazê-lo sem as disposições convenientes, por vergonha ou respeitos humanos?
* Sou inconstante na preocupação pela sua formação religiosa?
* Permito que trabalhem, estudem ou descansem em lugares onde pode haver perigo para a sua alma ou para o seu corpo? Descurei a vigilância natural nas reuniões de rapazes e moças que se realizam na minha casa, deixando-os sozinhos? Sou imprudente na orientação dos seus divertimentos?
* Tolerei escândalos ou perigos morais e físicos entre pessoas que vivem na minha casa?
* Criei conflitos com os filhos, dando excessiva importância a coisas que se podem vencer com tempo e bom humor? Ou antes soube fazer-me amigo dos meus filhos?
* Fui pouco amável na vida de família?
* Zanguei-me com a minha mulher (ou com o meu marido)? Tratei-a(o) mal, com palavras ou com obras? Diminuí a sua autoridade, repreendendo-a(o), contradizendo-a(o) ou discutindo com ela(ele) diante dos filhos?

* Descuidei a fé na Providência divina? Ao mesmo tempo, desinteressei-me de ganhar o suficiente para poder ter ou educar mais filhos?
* Deixei de ajudar, dentro das minhas possibilidades, os meus familiares nas suas necessidades espirituais ou materiais?

Quinto mandamento da Lei de Deus

* Tenho inimizade, ódio ou rancor contra alguém?
* Deixei de falar com alguém e neguei-me à reconciliação, ou não faço o possível por consegui-la?
* Alimento antipatias ou ódios pessoais por diferenças de opinião em matérias políticas ou profissionais?
* Fiz ou desejei um mal grave a alguém? Alegrei-me com as desgraças alheias?
* Zombei dos outros, tive inveja deles, critiquei-os, incomodei-os ou fiz pouco caso deles?
* Deixei-me levar pela ira, magoando ou humilhando os outros?
* Maltratei os outros com palavras ou ações? Peço coisas com maus modos, faltando à caridade?
* Cheguei a ferir ou tirar a vida do próximo? Fui imprudente na condução de veículos?
* Aconselhei a alguém a prática do aborto, ou colaborei, com qualquer tipo de ajuda, nela?

* Desleixei a minha saúde? Atentei contra a minha vida?
* Embriaguei-me, comi ou bebi em excesso, ou tomei drogas?
* Desejei morrer, sem me submeter à Divina Providência?
* Desinteressei-me do bem do meu próximo, deixando de adverti-lo de algum grave perigo material ou espiritual em que se encontrava, ou de corrigi-lo como exige a caridade cristã?
* Descurei o meu trabalho, faltando à justiça em coisas importantes? Estou disposto a reparar o prejuízo que daí tenha podido resultar?
* Abusei da confiança dos meus superiores? Prejudiquei os meus superiores, subordinados ou colegas, causando-lhes um dano grave?
* Tolerei abusos ou injustiças que tinha obrigação de impedir?
* Deixei que, pela minha preguiça, se produzissem prejuízos no meu trabalho? Descurei o meu rendimento em coisas importantes, prejudicando com isso as pessoas para quem trabalho?

Sexto e nono mandamentos da Lei de Deus

* Entretive-me com pensamentos ou recordações desonestas?
* Alimentei maus desejos contra a virtude da castidade, embora não os tenha posto em prática? Havia alguma circunstância na pessoa a quem se dirigiam (parentesco, matrimônio, consagração a Deus, etc.) que os tornasse mais graves?

* Tive conversas imorais? Fui eu quem as começou?
* Assisti a diversões que me colocaram em ocasião próxima de pecar? Tenho em conta que expor-me a essas ocasiões já é pecado?
* Deixei de informar-me sobre a classificação moral de espetáculos, filmes, ou revistas e livros, antes de assistir a eles ou de lê-los, para evitar a ocasião próxima de pecado ou o perigo de deformação da consciência?
* Descuido os pormenores de modéstia e pudor, que são garantia da castidade?
* Entretive-me com olhares impuros ou aceitei sensações impuras?
* Cometi alguma ação impura? Quantas vezes? Sozinho ou com outra pessoa? Do mesmo sexo ou do oposto? Havia alguma circunstância de parentesco, etc., que a tornasse especialmente grave? Essas relações tiveram alguma consequência? Fiz alguma coisa para a impedir depois de se ter formado uma nova vida?
* Tenho amizades que são uma ocasião habitual de pecado? Estou disposto a pôr fim a elas?
* Se estou namorando, o namoro me leva a afastar-me de Deus, ou antes aproximo-me com mais frequência dos Sacramentos da Penitência e da Eucaristia, para ter mais graça de Deus?

Esposos

* Usei do matrimônio indevidamente? Neguei ao meu cônjuge os seus direitos? Faltei à fidelidade conjugal por pensamentos ou ações?
* Usei do matrimônio somente nos dias em que sei que não pode haver descendência, não havendo razões graves para isso?
* Tomei remédios para evitar os filhos? Aconselhei os outros a tomá-los?
* Usei outros métodos antinaturais, ou fiz alguma operação para evitar filhos?
* Influí de algum modo sobre os outros – com conselhos, piadas, atitudes, etc. – para criar um clima antinatalista?

Sétimo e décimo mandamentos da Lei de Deus. Quinto da Igreja

* Roubei algum objeto ou alguma quantia em dinheiro? Reparei os prejuízos causados ou restituí as coisas roubadas, na medida das minhas possibilidades?
* Ajudei alguém a roubar? Havia alguma circunstância agravante, como por exemplo tratar-se de um objeto sagrado? A quantia ou valor das coisas roubadas era importante?
* Retenho o alheio contra a vontade do seu dono?
* Prejudiquei alguém com enganos, coações, etc. nos contratos ou relações comerciais? Reparei o prejuízo causado ou tenho intenção de fazê-lo?

* Caí no vício do jogo, pondo em risco ou prejudicando a economia familiar?
* Deixei de cumprir devidamente as obrigações do meu trabalho, que justificam o ordenado ou o salário que recebo?
* Deixei de prestar à Igreja a ajuda conveniente? Dei esmolas de acordo com a minha posição econômica?
* Defraudei a minha mulher (o meu marido) nos seus bens?
* Retenho ou atraso indevidamente o pagamento dos salários ou dos ordenados que me incumbe pagar?
* Retribuí injustamente o trabalho dos outros?
* Deixei-me levar pelo favoritismo ou distinção de pessoas, faltando à justiça, no desempenho dos cargos ou funções públicas?
* Deixei de cumprir com exatidão os meus deveres sociais; por exemplo, o pagamento dos seguros sociais dos meus empregados, etc.?
* Deixei de pagar os impostos que são de justiça?
* Fui omisso em procurar evitar, na medida das minhas possibilidades, as injustiças, subornos, escândalos, roubos, vinganças, fraudes e outros abusos que prejudicam a convivência social?
* Dei o meu apoio a programas de ação social e política imorais ou anticristãos?

Oitavo mandamento da Lei de Deus

* Disse mentiras? Reparei os prejuízos que as minhas mentiras tenham podido causar? Minto habitualmente com a desculpa de que se trata de coisas de pouca importância?
* Revelei sem motivo justo graves defeitos alheios que, embora certos, não eram conhecidos? Reparei de algum modo os prejuízos assim causados; por exemplo, falando depois dos aspectos positivos dessa pessoa?
* Caluniei ou deixei caluniar, atribuindo ao próximo defeitos que não eram verdadeiros? Já reparei os males causados ou estou disposto a fazê-lo?
* Revelei segredos importantes dos outros, descobrindo-os sem justa causa? Reparei o prejuízo que daí resultou?
* Falei mal dos outros por frivolidade, inveja ou por ter-me deixado levar pelo temperamento?
* Disse mal dos outros — pessoas ou instituições — baseando-me apenas em boatos? Quer dizer, cooperei deste modo com a calúnia e a murmuração?
* Tenho presente que a diversidade de opiniões políticas, profissionais ou ideológicas, não deve ofuscar-me a ponto de julgar ou falar mal do próximo, e que essas divergências não são motivo para manifestar os seus defeitos morais, exceto se o bem comum assim o exigir?

Exame de consciência para a Confissão (Crianças)

O MEU COMPORTAMENTO COM DEUS

* Rezo todos os dias, devagar e com atenção, as orações da manhã e da noite? Lembro-me de Deus durante o dia? Tenho o mau hábito de falar dEle com pouco respeito?
* Assisto à Santa Missa aos domingos e dias de guarda sem preguiça? Escuto com atenção a Palavra de Deus? Acompanho bem as orações? Chego tarde à Missa ou assisto de má vontade, atrapalhando os outros?
* Estudo bastante o catecismo? Tenho desejos de conhecer melhor Nosso Senhor? Quero fazer sempre o que Ele diz e comportar-me como Ele quer?
* Na igreja, comporto-me com respeito? Lembro-me de que é a casa de Deus, ou corro, converso, passo pelo altar sem cumprimentar Jesus no sacrário com uma genuflexão bem feita? Vou à igreja mal vestido, com uma roupa imprópria?
* Amo Nossa Senhora e converso todas as noites com Ela? Rezo por exemplo a Ave-Maria, pensando que Ela é a Mãe de Jesus e me ama como a um filho? Falo todas as manhãs com o Anjo da Guarda para que me acompanhe e me proteja durante todo o dia?
* Quando recebo uma boa notícia, agradeço ao Senhor todas as coisas boas que Ele me deu? Ou penso que fui eu que fiz tudo e esqueço que é um presente do meu Pai-Deus?

O meu comportamento com a família e com o próximo

* Sou carinhoso com o meu pai e a minha mãe? Sei agradecer o carinho que eles têm por mim? Ou respondo com má educação e os deixo tristes com o meu comportamento?
* Obedeço rapidamente aos meus pais, sem reclamar? Sei que aquilo que me dizem é para o meu bem? Falo sempre a verdade, mesmo que tenha que passar vergonha? Gosto de ajudar em casa, ou quero que todos atendam aos meus pedidos e caprichos? Trato com respeito os meus avós e as pessoas mais velhas?
* Sou egoísta com as minhas coisas? Quero-as só para mim, ou sei emprestá-las sempre e dividi-las com os meus irmãos e amigos?
* Na escola, comporto-me bem com todos? Assisto bem às aulas, ou perco o tempo e atrapalho os meus colegas? Dedico ao estudo o tempo suficiente?
* Sou mandão e brigo facilmente com os meus companheiros? Nas brincadeiras, quero vencer a todo custo, mesmo roubando? Sou leal e respeito as regras do jogo? Sei perder sem ficar com raiva?
* Sei ser amigo dos meus companheiros? Ajudo-os nas necessidades? Não caçoo deles? Sei perdoá-los quando me fazem um pequeno desaforo? Ou penso só em mim e nas minhas coisas, e tenho inveja das coisas que eles fazem?

* Sou sincero? Falo sempre a verdade, mesmo que me custe? Ou pelo contrário invento coisas para ficar bem? Minto, digo que fiz coisas certas, quando na verdade fiz tudo errado e mal feito? Falo sempre a verdade aos meus pais?

O meu comportamento comigo mesmo

* Peguei coisas que não são minhas? Roubei alguma coisa, mesmo de pouco valor? Uso mal as minhas coisas, desperdiçando-as ou estragando-as? Deixo de pegar para mim algumas coisas de que gosto, para oferecê-las a Jesus e dá-las aos pobres?
* Faço logo as coisas que devo? Tenho má vontade e preguiça, escolho as coisas mais fáceis e deixo as outras para a última hora? Deixo tudo pela metade, faço mal ou não faço?
* Sou desordenado? Deixo as coisas que uso jogadas de qualquer jeito? Sei ter e seguir um horário? Sou guloso e caprichoso? Estou sempre reclamando? Ou sei contentar-me com o que me dão?
* Deixei-me levar pela curiosidade ruim? Olhei revistas e fotografias indecentes, ou programas de televisão que não prestam? Sei ter respeito por mim mesmo e pelo meu corpo? Evito gestos ou atos contrários à santa pureza? Cuido da higiene e da modéstia?
* Uso uma linguagem grosseira? Ofendo os outros? Sou mal-educado com os meus pais e professores?

Celebração do Sacramento da Confissão

* O penitente diz a saudação habitual: **"Louvado seja Nosso Senhor Jesus Cristo"**, ou **"Abençoai-me, padre, porque pequei"**, e se benze.

* O sacerdote diz: **"O Senhor esteja em teu coração para que, arrependido, confesses os teus pecados"**.

* O sacerdote ou o penitente pode ler ou dizer de cor algumas palavras da Sagrada Escritura sobre a misericórdia de Deus e o arrependimento; por exemplo: **"Senhor, Tu sabes tudo; Tu sabes que eu te amo"** (Jo 21, 17).

* O penitente acusa-se dos seus pecados. O sacerdote dá os conselhos oportunos e impõe a penitência.

* O sacerdote convida o penitente a manifestar a contrição. O penitente pode dizer, por exemplo: **"Senhor Jesus, Filho de Deus, tende piedade de mim, que sou um pecador"**.

* O sacerdote dá a absolvição:

Deus, Pai de misericórdia, que, pela morte e ressurreição de seu Filho, reconciliou o mundo consigo e enviou o Espírito Santo para remissão dos pecados, te conceda, pelo ministério da Igreja, o perdão e a paz.

E EU TE ABSOLVO DOS TEUS PECADOS, EM NOME DO PAI, E DO FILHO † E DO ESPÍRITO SANTO.

* O penitente responde: **"Amém"**.

* O sacerdote prossegue:

* **A paixão de Nosso Senhor Jesus Cristo, a intercessão da Virgem Maria e de todos os santos, as tuas boas obras e a tua paciência na adversidade, sirvam de remédio para os teus pecados, aumento de graça e prêmio da vida eterna. Vai em paz.**

* Depois de rezar a penitência, pode-se dizer a seguinte oração:

Oração de agradecimento

Ó bondade, ó misericórdia infinita do meu Deus! Graças Vos rendo por me haverdes perdoado os meus pecados, e de novo os detesto de todo o meu coração.

Concedei-me a graça, meu Salvador, pela virtude do Sacramento da Penitência que acabo de receber, de não recair nestes pecados, e de levar de hoje em diante uma vida toda nova, sempre assistido pela vossa graça e perseverando no vosso amor até a hora da minha morte. Amém.

Resumo da Doutrina Católica

I. O Mandamento novo de Jesus e as obras de misericórdia

* **Qual foi o mandamento novo de Jesus?** O mandamento novo de Jesus foi: "Dou-vos um mandamento novo: que vos ameis uns aos outros como eu vos amei. Nisto conhecerão todos que sois meus discípulos".

* **Quantas são as obras de misericórdia?** As obras de misericórdia são catorze: sete corporais e sete espirituais.

As corporais são estas: **1ª.** Dar de comer a quem tem fome; **2ª.** Dar de beber a quem tem sede; **3ª.** Vestir os nus; **4ª.** Dar pousada aos peregrinos; **5ª.** Visitar os enfermos e encarcerados; **6ª.** Remir os cativos; **7ª.** Enterrar os mortos.

As espirituais são estas: **1ª.** Dar bom conselho; **2ª.** Ensinar os ignorantes; **3ª.** Corrigir os que erram; **4ª.** Consolar os aflitos; **5ª.** Perdoar as injúrias; **6ª.** Sofrer com paciência as fraquezas do próximo; **7ª.** Rogar a Deus pelos vivos e defuntos.

II. Introdução às principais verdades de fé

* **És cristão?** Sim, sou cristão pela graça de Deus.

* **Quem é verdadeiro cristão?** É verdadeiro cristão quem

é batizado, crê em Jesus Cristo e vive conforme os seus ensinamentos.

* **Por que o sinal da cruz é o sinal do cristão?** O sinal da cruz é o sinal do cristão porque em Jesus Cristo Crucificado encontramos os principais ensinamentos da nossa fé.

* **Onde se encontram as verdades reveladas por Deus?** As verdades reveladas por Deus encontram-se na Sagrada Escritura e na Tradição.

* **Que é a Sagrada Escritura?** A Sagrada Escritura é a Palavra de Deus escrita no Antigo e no Novo Testamento.

* **Que é a Tradição?** A Tradição é a Palavra de Deus não escrita na Sagrada Bíblia, mas transmitida por Jesus aos Apóstolos e por estes à Igreja.

III. O Credo

Deus Criador

* **Quem é Deus?** Deus é o nosso Pai, que está nos céus, Criador e Senhor de todas as coisas, que premia os bons e castiga os maus.

* **Há um só Deus?** Sim, há um só Deus.

* **A quem chamamos Santíssima Trindade?** Chamamos Santíssima Trindade ao mesmo Deus, que é Pai, Filho e Espírito Santo, três Pessoas distintas e um só Deus verdadeiro.

* **Por que Deus é Criador?** Deus é Criador porque só Ele criou e pode criar todas as coisas, e por ninguém foi criado.

* **Deus cuida das coisas criadas?** Deus cuida e tem providência das coisas criadas, e conserva-as e dirige-as todas ao seu próprio fim, com sabedoria, bondade e justiça infinita.

Os Anjos e o homem

* **Quem são os Anjos?** Os Anjos são espíritos puros, isto é, sem corpo, que têm entendimento e vontade.
* **Para que criou Deus os Anjos?** Deus criou os Anjos para que O louvem, obedeçam e sejam felizes no céu, para serem os seus mensageiros e cuidarem dos homens.
* **Quem é o Anjo da Guarda?** O Anjo da Guarda é o Anjo que Deus nos dá a cada um para que nos guarde na terra e nos guie para o céu.
* **Quem são os demônios?** Os demônios são espíritos maus, anjos que se revoltaram contra Deus, e por isso foram precipitados no inferno.
* **Quem é o homem?** O homem é um ser racional e livre, composto de corpo e alma, criado por Deus à sua imagem e semelhança.
* **Que é a alma?** A alma é a parte espiritual do homem, pela qual ele vive, entende e é livre. A alma do homem não morre com o corpo, mas vive eternamente porque é espiritual.
* **Para que fim criou Deus o homem?** O homem foi criado para conhecer, amar e servir a Deus neste mundo e assim merecer a vida com o próprio Deus para sempre no céu.

* **Este fim alcança-se sempre?** Este fim não se realiza quando deixamos de cumprir a Vontade de Deus.

Jesus Cristo e Nossa Senhora

* **Quem é Jesus Cristo?** Jesus Cristo é o Filho de Deus feito homem, que nasceu da Virgem Maria. É a Segunda Pessoa da Santíssima Trindade feita homem.

* **Por que o Filho de Deus se fez homem?** O Filho de Deus se fez homem para nos salvar, isto é, para nos remir do pecado e nos conquistar o Paraíso.

* **Como se realizou a Encarnação do Filho de Deus?** A Encarnação do Filho de Deus realizou-se com o Espírito Santo formando nas entranhas da Virgem Maria um corpo perfeitíssimo e criando uma alma nobilíssima que uniu ao corpo; no mesmo instante, uniu-se a este corpo e alma o próprio Filho de Deus; e desta maneira aquele que era só Deus, sem deixar de sê-lo, ficou sendo também homem.

* **Onde nasceu, viveu e morreu Jesus Cristo?** Nasceu em Belém, viveu a maior parte da sua vida, até os trinta anos, em Nazaré; durante três anos pregou e fez milagres por toda a Palestina, morrendo crucificado em Jerusalém, no monte Calvário. Ao terceiro dia ressuscitou e, depois de ter aparecido durante quarenta dias à sua Mãe, às santas mulheres e também aos Apóstolos, aos discípulos e a outras pessoas, subiu aos céus.

* **Que fez Jesus Cristo para nos salvar?** Para nos salvar, Jesus

Cristo satisfez pelos nossos pecados, sofrendo e sacrificando-se na Cruz, e ensinou-nos a viver segundo a vontade de Deus.

* **Que devemos fazer para viver segundo a vontade de Deus?** Para viver segundo a vontade de Deus, devemos acreditar nas verdades reveladas por Ele e observar os seus Mandamentos com o auxílio da sua graça, que se obtém por meio dos Sacramentos e da oração.

* **Quem é a Virgem Maria?** A Virgem Maria é a Senhora cheia de graça e de virtudes, concebida sem pecado, que é Mãe de Deus e Mãe nossa, e está no céu em corpo e alma.

* **Quais são os principais privilégios da Virgem Maria?** Os principais privilégios da Virgem Maria são: sua Conceição Imaculada, sua perpétua Virgindade, sua Maternidade divina e sua Assunção em corpo e alma aos céus. Estes privilégios foram definidos como dogmas de fé.

O Espírito Santo e a Igreja

* **Quem é o Espírito Santo?** O Espírito Santo é a Terceira Pessoa da Santíssima Trindade, que procede do Pai e do Filho.

* **Quando enviou Jesus Cristo o Espírito Santo?** Jesus Cristo enviou o Espírito Santo à sua Igreja no dia de Pentecostes, dez dias depois da sua Ascensão aos céus.

* **Que é a Igreja?** A Igreja é o Corpo de Cristo formado pelos batizados que professam a mesma fé em Jesus Cristo, participam dos mesmos Sacramentos e obedecem ao Papa e aos Bispos em comunhão com o Papa.

* **Quem são os pastores visíveis da Igreja?** Os pastores visíveis da Igreja são o Papa, sucessor de São Pedro, e os Bispos, sucessores dos Apóstolos.

* **Quem é o Papa?** O Papa, ou Romano Pontífice, é o Vigário de Cristo na terra, sucessor de São Pedro, que faz as vezes de Cristo no governo de toda a Igreja.

* **Quem são os Bispos?** Os Bispos são os sucessores dos Apóstolos, colocados pelo Espírito Santo para que, juntamente com o Papa e sob a sua autoridade, continuem a missão de Cristo em toda a Igreja, especialmente cada um na sua própria diocese.

* **Estarão todos os cristãos chamados à santidade e ao apostolado?** Todos os cristãos estão chamados à santidade e ao apostolado pelo próprio fato de terem recebido o Batismo e a Confirmação.

Deus remunerador

* **Quais são os "novíssimos" do homem?** Os "novíssimos" ou as últimas coisas que nos hão de acontecer são: Morte, Juízo, Inferno e Paraíso.

* **Que quer dizer a "ressurreição da carne"?** A "ressurreição da carne" quer dizer que, como Cristo ressuscitou, assim também nós ressuscitaremos no fim do mundo, voltando a unir-se a alma com os nossos mesmos corpos para nunca mais morrermos.

* **Que é o Céu?** O Céu é o lugar onde os bons vivem com Deus eternamente felizes.
* **Quem vai para o Céu?** Vão para o Céu os que morrem na graça de Deus.
* **Que é o Purgatório?** O Purgatório é o lugar de sofrimento onde se purificam, antes de entrarem no Céu, aqueles que morrem na graça de Deus, mas sem terem satisfeito pelos seus pecados.
* **Que é o Inferno?** O Inferno é o lugar onde os maus, afastados de Deus, sofrem penas eternas.
* **Quem vai para o Inferno?** Para o Inferno vão os que morrem em pecado mortal, porque rejeitaram a graça de Deus.

IV. Os Mandamentos

* Que Mandamentos deve cumprir o cristão? O cristão deve cumprir os Mandamentos da Lei de Deus e os da Santa Madre Igreja.
* Quantos são os Mandamentos da Lei de Deus? Os Mandamentos da Lei de Deus são dez: 1º. Amar a Deus sobre todas as coisas; 2º. Não tomar seu santo nome em vão; 3º. Guardar os domingos e festas; 4º. Honrar pai e mãe; 5º. Não matar; 6º. Não pecar contra a castidade; 7º. Não furtar; 8º. Não levantar falso testemunho; 9º. Não desejar a mulher do próximo; 10º. Não cobiçar as coisas alheias.

* Estes dez mandamentos resumem-se em dois, que são: amar a Deus sobre todas as coisas e ao próximo como a nós mesmos.
* Que são os Mandamentos da Igreja? Os Mandamentos da Igreja são os preceitos que a Igreja nos dá em virtude do poder recebido de Jesus, para ajudar-nos a cumprir a Lei de Deus e assim conseguirmos a nossa salvação eterna.
* Quais são os Mandamentos da Igreja? Os principais Mandamentos da Igreja são cinco: 1°. Participar da Missa inteira aos domingos e festas de guarda; 2°. Confessar-se ao menos uma vez por ano; 3°. Comungar ao menos pela Páscoa da Ressurreição; 4°. Jejuar e abster-se de carne quando manda a Santa Madre Igreja; 5°. Pagar dízimos conforme o costume.
* Quem está obrigado a participar da Missa aos domingos e festas de guarda? Estão obrigados a participar da Missa aos domingos e festas de guarda todos os cristãos que cumpriram os sete anos e chegaram ao uso da razão.

Dias com obrigação de participar da Missa

* Todos os domingos do ano.
* Dia 1° de janeiro, festividade de Santa Maria, Mãe de Deus.
* Festividade do Corpo e Sangue de Cristo (Corpus Christi), celebrada na quinta-feira depois do Domingo da Santíssima Trindade.
* 8 de dezembro, festividade da Imaculada Conceição da Virgem Maria.
* 25 de dezembro, Natal de Nosso Senhor Jesus Cristo.

Lei do jejum e abstinência

* "Toda sexta-feira do ano é dia de penitência, a não ser que coincida com alguma solenidade do calendário litúrgico. Nesse dia os fiéis devem abster-se de carne ou outro alimento, ou praticar alguma forma de penitência, principalmente alguma obra de caridade ou algum exercício de piedade".
* "A Quarta-Feira de Cinzas e a Sexta-Feira Santa, memória da Paixão e Morte de Cristo, são dias de jejum e abstinência. A abstinência pode ser substituída pelos próprios fiéis por outra prática de penitência, caridade ou piedade, particularmente pela participação nesses dias na Sagrada Liturgia" (Decreto 4–86, da CNBB).
* Idade da obrigação: a abstinência obriga a partir dos 14 anos completos; o jejum a partir dos 21 anos completos até os 60 anos começados.

V. Pecados e virtudes

* Que é pecado? Pecado é toda desobediência voluntária à Lei de Deus ou da Igreja.
* Que é o pecado original? O pecado original é o pecado que a humanidade cometeu em Adão, sua cabeça, e que [de Adão] todos os homens contraem por descendência natural. O pecado original apaga-se com o Batismo.
* Que é pecado mortal? Pecado mortal é uma desobediência à Lei de Deus ou da Igreja em matéria grave, feita com pleno conhecimento e consentimento deliberado.

* Que é pecado venial? Pecado venial é uma desobediência à Lei de Deus ou da Igreja em matéria leve, ou em matéria grave mas sem pleno conhecimento e perfeito consentimento.
* Que é virtude? A virtude é um hábito bom, uma disposição permanente da alma para atuar bem.
* Quais são as virtudes próprias do cristão? As virtudes próprias do cristão são as virtudes sobrenaturais, especialmente a fé, a esperança e a caridade, que são chamadas virtudes teologais ou divinas.
* Quais são as principais virtudes morais? As principais virtudes morais são: a religião, que nos faz prestar a Deus o culto devido, e as quatro virtudes cardeais: prudência, justiça, fortaleza e temperança, que nos fazem honestos no viver.
* Que é vício? Vício é a inclinação para o pecado adquirida pela repetição de atos maus.
* Quantos são os vícios ou pecados capitais? Os pecados capitais são sete: soberba, avareza, luxúria, ira, gula, inveja e preguiça.
* Como se vencem os pecados capitais? Os pecados capitais vencem-se com a prática das virtudes opostas: contra a soberba, humildade; contra a avareza, liberalidade; contra a luxúria, castidade; contra a ira, paciência; contra a gula, temperança; contra a inveja, caridade; contra a preguiça, diligência.

* Quantos são os pecados contra o Espírito Santo? Os pecados contra o Espírito Santo são seis: 1º. Desesperar da salvação; 2º. Presunção de se salvar sem merecimento; 3º. Contradizer a verdade conhecida como tal; 4º. Ter inveja das mercês que Deus faz aos outros; 5º. Obstinação no pecado; 6º. Impenitência final.

* Quantos são os pecados que bradam ao céu?

* Os pecados que bradam ao céu são quatro: 1º. Homicídio voluntário; 2º. Pecado sensual contra a natureza; 3º. Opressão dos pobres; 4º. Não pagar o salário a quem trabalha.

* Quantos são os inimigos da alma? Os inimigos da alma são três: o Mundo, o Demônio e a Carne.

* Qual o remédio contra o pecado? O remédio do pecado é a graça de Deus pelos méritos de Jesus Cristo, que Ele nos concede pela oração e pelos Sacramentos, e com a qual devemos cooperar por meio das boas obras.

A oração

* Que é a oração? A oração é uma elevação do espírito e do coração a Deus, para o adorar, para lhe dar graças e para lhe pedir aquilo de que precisamos.

* Como se deve orar? Deve-se orar refletindo que estamos na presença da infinita majestade de Deus e precisamos da sua misericórdia, e por isso devemos comportar-nos de maneira humilde, atenta e devota.

* É necessário orar? É necessário orar muitas vezes porque Deus o manda; ordinariamente, é só quando se ora que Ele concede as graças espirituais e temporais.

* Que é o Pai-Nosso? O Pai-Nosso é a oração ensinada e recomendada por Jesus Cristo.

* Com que oração invocamos especialmente Nossa Senhora? Invocamos especialmente Nossa Senhora com a Ave-Maria ou saudação angélica.

As Bem-aventuranças

* Quantas são as Bem-aventuranças? As Bem-aventuranças são oito: 1ª. Bem-aventurados os pobres em espírito, porque deles é o reino dos céus; 2ª. Bem-aventurados os mansos, porque eles possuirão a terra; 3ª. Bem-aventurados os que choram, porque serão consolados; 4ª. Bem-aventurados os que têm fome e sede de justiça, porque serão saciados; 5ª. Bem-aventurados os misericordiosos, porque alcançarão misericórdia; 6ª. Bem-aventurados os puros de coração, porque verão a Deus; 7ª. Bem-aventurados os pacíficos, porque serão chamados filhos de Deus; 8ª. Bem-aventurados os que padecem perseguição por amor da justiça, porque deles é o reino dos céus.

VI. Os Sacramentos

* Que se entende por Sacramento? Por Sacramento entende--se um sinal sensível e eficaz da graça, instituído por Jesus Cristo para santificar as nossas almas.

* Como santificam os Sacramentos? Os Sacramentos santificam dando-nos a primeira graça santificante que apaga o pecado, ou aumentando a graça que já possuímos.

* Que é a graça? A graça é um dom sobrenatural que Deus concede para alcançarmos a vida eterna. A graça santificante nos faz filhos de Deus e herdeiros do céu.

* Quantos são os Sacramentos? Os Sacramentos são sete: 1º. Batismo; 2º. Confirmação ou Crisma; 3º. Eucaristia; 4º. Penitência ou Confissão; 5º. Unção dos enfermos; 6º. Ordem; 7º. Matrimônio.

* Que devemos fazer para conservar a graça dos Sacramentos? Para conservar a graça dos Sacramentos, devemos corresponder da nossa parte com a ação própria, praticando o bem e evitando o mal.

Sobre o Batismo

* Que é o Batismo? O Batismo é o Sacramento pelo qual renascemos para a graça de Deus e nos tornamos cristãos.

* Quais são os efeitos do Batismo? O Sacramento do Batismo confere a primeira graça santificante, que apaga o pecado original e também o atual, se o há; perdoa toda pena por

eles devida; imprime o caráter de cristão; faz-nos filhos de Deus, membros da Igreja e herdeiros do paraíso, e torna-nos capazes de receber os outros Sacramentos.

* Como se batiza? Batiza-se derramando água sobre a cabeça do batizando, ou, não podendo ser sobre a cabeça, sobre qualquer outra parte principal do corpo, dizendo ao mesmo tempo: Eu te batizo em nome do Pai e do Filho e do Espírito Santo.

Sobre a Confirmação

* Que é a Confirmação? A Confirmação ou Crisma é um Sacramento que nos dá o Espírito Santo, imprime na nossa alma o caráter de soldados de Cristo e nos faz perfeitos cristãos.

* Quais são os dons do Espírito Santo que recebemos na Confirmação? Os dons do Espírito Santo que recebemos na Confirmação são sete: 1°. Sabedoria; 2°. Entendimento; 3°. Conselho; 4°. Fortaleza; 5°. Ciência; 6°. Piedade; 7°. Temor de Deus.

* Quais são os frutos do Espírito Santo? Os frutos do Espírito Santo são: caridade, gozo, paz, paciência, benignidade, longanimidade, mansidão, fé, modéstia, continência e castidade.

Sobre a Penitência

* Que é o Sacramento da Penitência? A Penitência ou Confissão é o Sacramento instituído por Jesus Cristo para perdoar os pecados cometidos depois do Batismo.

* Quantas coisas são necessárias para fazer uma boa confissão? São necessárias cinco coisas: 1ª. Exame de consciência (lembrar-se dos pecados cometidos); 2ª. Dor ou arrependimento dos pecados; 3ª. Propósito de nunca mais pecar; 4ª. Confissão ou acusação dos pecados; 5ª. Cumprimento da penitência.
* É necessário confessar-se individualmente? A Igreja ensina que, por direito divino, é necessário confessar individualmente todos e cada um dos pecados mortais, bem como as circunstâncias que mudam a espécie dos pecados; e que a confissão individual e íntegra, com a absolvição a cada penitente, permanece o único meio ordinário pelo qual os fiéis se reconciliam com Deus e com a Igreja, a não ser que a verdadeira impossibilidade física ou moral os dispense deste modo de confissão.
* Quais são as vantagens da confissão frequente? Com a confissão frequente, também chamada confissão de devoção, recomendada por todos os Papas, aumenta o conhecimento próprio, cresce a humildade cristã, eliminam-se os maus costumes, combate-se a tibieza e a indolência espiritual, robustece-se a vontade, leva-se a cabo a salutar direção das consciências e aumenta a graça em virtude do sacramento.

Sobre a Eucaristia

* Que é a Eucaristia? A Eucaristia é um Sacramento que, pela admirável conversão de toda a substância do pão no Corpo de Jesus Cristo, e de toda a substância do vinho no seu precioso Sangue, contém verdadeira, real e substancialmente o Corpo,

Sangue, Alma e Divindade do mesmo Jesus Cristo Nosso Senhor, debaixo das aparências de pão e de vinho, para ser nosso alimento espiritual.

* Quando é que o pão e o vinho se tornam Corpo e Sangue de Jesus? O pão e o vinho tornam-se Corpo e Sangue de Jesus no momento da Consagração, na Missa. Esta miraculosa conversão é chamada Transubstanciação pela Igreja.

* Depois da Consagração não fica nada do pão e do vinho? Depois da Consagração já não fica nem pão nem vinho, mas ficam somente as respectivas espécies ou aparências, sem a substância.

* Há obrigação de receber a comunhão? Há obrigação de receber a comunhão todos os anos pela Páscoa, e em perigo de morte como viático.

* É coisa boa e útil comungar frequentemente? É coisa ótima comungar frequentemente e até todos os dias, contanto que se faça com as devidas disposições.

* Que é a Santa Missa? A Santa Missa é o Sacrifício do Corpo e do Sangue de Jesus Cristo, oferecido sobre o altar, debaixo das aparências do pão e do vinho, renovando de forma incruenta o mesmo sacrifício da Cruz.

Sobre a Unção dos Enfermos

* Que é a Unção dos Enfermos? A Unção dos Enfermos é o Sacramento instituído para alívio espiritual e também temporal dos enfermos em perigo de morte.

* Quais são os efeitos da Unção dos Enfermos? Os efeitos da Unção dos Enfermos são: 1º. Aumenta a graça santificante; 2º. Apaga os pecados veniais e também os mortais que o enfermo arrependido já não possa confessar; 3º. Tira a fraqueza e languidez para o bem que permanece ainda depois de se ter alcançado o perdão dos pecados; 4º. Dá força para suportar pacientemente o mal, resistir às tentações e morrer santamente; 5º. Ajuda a recuperar a saúde do corpo, se isso for útil à salvação da alma.

* Quem deve receber a Unção dos Enfermos? A Unção dos Enfermos deve ser conferida com todo o cuidado e diligência aos fiéis que, por doença ou idade avançada, estão em grave perigo de vida.

* Que obrigação têm os familiares e os que assistem o enfermo? Os familiares e os que assistem o enfermo têm obrigação grave de procurar que receba a Santa Unção, se possível antes de que perca o conhecimento.

Sobre a Ordem Sacerdotal

* Que é a Ordem Sacerdotal? A Ordem Sacerdotal é o Sacramento que dá o poder de exercer os ministérios sagrados que se referem ao culto de Deus e à salvação das almas, e que imprime na alma de quem o recebe o caráter de ministro de Deus: Bispo, Sacerdote ou Diácono.

* Que concede o Sacramento da Ordem àqueles que o recebem? O Sacramento da Ordem concede aos que o recebem

o aumento da graça santificante, o caráter sacramental que lhes dá poder para exercer as funções sagradas, e as graças para fazê-lo dignamente.

* Quais são as principais funções do sacerdote? As principais funções do sacerdote são: celebrar a Santa Missa, administrar os Sacramentos e pregar a palavra de Deus.

Sobre o Matrimônio

* Que é o Matrimônio? O Matrimônio é o Sacramento instituído por Nosso Senhor Jesus Cristo, que estabelece uma união santa e indissolúvel entre o homem e a mulher, e lhes dá a graça de se amarem mutuamente e de educarem cristãmente os filhos.

* Como devem receber este Sacramento? É preciso receber o Sacramento do Matrimônio em graça de Deus; se se recebe em pecado mortal, o Matrimônio é válido, mas comete-se um grave sacrilégio.

* Quem é o ministro do Sacramento do Matrimônio? O ministro do Sacramento do Matrimônio são os próprios cônjuges.

* Quais são os fins do Matrimônio? Os fins do Matrimônio são a procriação e a educação dos filhos, o amor e a ajuda mútua entre os esposos e o remédio da concupiscência.

* Quais são as propriedades do Matrimônio? As propriedades do Matrimônio são a unidade e a indissolubilidade; isto é, deve ser de um com uma e até que a morte os separe.

* Que devem fazer os esposos cristãos para viverem santamente? Para viverem santamente, os esposos cristãos devem amar-se e guardar fidelidade um ao outro, receber os filhos que Deus lhes der e educá-los cristãmente.

VII. As indulgências

Da Constituição "Indulgentiarum Doctrina", de Paulo VI, de 1 de janeiro de 1967.

* Que são as indulgências? Indulgência é a remissão diante de Deus da pena temporal devida pelos pecados, já perdoados no que se refere à culpa, que ganha o fiel, convenientemente preparado, em certas e determinadas condições, com ajuda da Igreja que, como administradora da Redenção, dispensa e aplica com plena autoridade o tesouro dos méritos de Cristo e dos Santos.

* Quantas espécies há de indulgências? Há duas espécies: a plenária e a parcial, segundo libertam totalmente ou em parte da pena temporal devida pelos pecados. Tanto uma como a outra podem aplicar-se pelos defuntos a modo de sufrágio.

* Quantas indulgências plenárias se podem ganhar por dia? Somente uma por dia, a não ser *in articulo mortis*, caso em que o fiel poderá ganhar a indulgência plenária por esse motivo, ainda que no mesmo dia tenha ganho já outra indulgência plenária.

* Que se requer para ganhar indulgência plenária? Requer-se: a) realizar a obra enriquecida com a indulgência; b) confissão sacramental; c) comunhão eucarística, e d) oração pelas intenções do Papa. Além disso, é necessário que não exista nenhum afeto a qualquer pecado, mesmo venial.

* Quando se devem cumprir as condições de confissão, comunhão e oração pelo Papa? Ainda que possam cumprir-se alguns dias antes ou depois da execução da obra prescrita, é conveniente que a comunhão e a oração pelo Papa se realizem no mesmo dia em que se faça a obra. Com uma só confissão podem ganhar-se várias indulgências plenárias; pelo contrário, com uma só comunhão e uma só oração pelo Papa, somente se pode ganhar uma indulgência plenária.

* Que é que se perdoa com uma indulgência parcial? Ao fiel que, pelo menos com o coração contrito, realiza uma obra enriquecida com indulgência parcial, é-lhe concedida, por graça da Igreja, uma remissão da pena temporal igual à que ele recebe pela própria obra.

Principais obras indulgenciadas

Com data de 29 de junho de 1968, a Sagrada Penitenciaria Apostólica publicou o decreto promulgatório do novo "Enchiridion das Indulgências". Apresentamos a seguir um resumo desse decreto.

* Concessões gerais: 1. "Concede-se indulgência parcial ao fiel que, ao cumprir os seus deveres e ao suportar as dificuldades da vida, eleva o espírito a Deus, com humilde confiança, acrescentando — inclusive apenas mentalmente — alguma piedosa invocação"; 2. "Concede-se indulgência parcial ao fiel que, com espírito de fé, se entrega a si mesmo ou os seus bens com ânimo misericordioso ao serviço dos irmãos necessitados" (qualquer necessidade: no corpo, na alma, na inteligência); 3. "Concede-se indulgência parcial ao fiel que espontaneamente, com espírito de penitência, se priva de alguma coisa lícita que lhe é agradável".
* Orações e práticas indulgenciadas com indulgência plenária: 1. Adoração ao Santíssimo Sacramento, pelo menos durante meia-hora; 2. Leitura da Sagrada Escritura, pelo menos durante meia-hora; 3. Exercício da Via-Sacra, diante das estações legitimamente erigidas; 4. Recitação do terço do Rosário na Igreja ou oratório ou em família, em comunidade religiosa ou em associação piedosa; 5. Recitação da oração a Jesus Crucificado nas Sextas-feiras da Quaresma. Nos outros dias do ano, há indulgência parcial; 6. Assistência ao ato de clausura de Congresso Eucarístico; 7. Exercícios

espirituais ou retiro que durem pelo menos três dias; 8. Primeira Comunhão: aos que a fazem ou assistem à celebração; 9. Primeira Missa solene do neossacerdote e aos que assistem à mesma; 10. Datas jubilares da ordenação sacerdotal (25°, 50° e 60° aniversário) ao sacerdote e aos que assistem à Missa, celebrada com certa solenidade; 11. Visita à igreja catedral e paroquial no dia da festa do titular e no dia 2 de Agosto; 12. Visita à igreja ou ao altar no dia da sagração; 13. Visita à igreja ou ao oratório na comemoração de todos os fiéis defuntos (só aplicável aos defuntos). Esta indulgência, com o consentimento do Ordinário, pode ganhar-se no Domingo anterior ou posterior ao dia de Todos os Santos; 14. Visita à igreja ou ao oratório dos religiosos na festa do Santo Fundador; 15. Renovação das promessas batismais, usando qualquer fórmula aprovada, no dia da Vigília Pascal e no dia do aniversário do Batismo.

* Orações e práticas indulgenciadas com indulgência parcial: 1. A recitação do Angelus ou Regina Coeli; 2. A oração Lembrai-vos. 3. A novena antes do Natal do Senhor, do Pentecostes ou da Imaculada Conceição, feita em público; 4. Oração pelas vocações sacerdotais ou religiosas. A oração deve ser aprovada pela autoridade eclesiástica, com este fim; 5. A Salve-Rainha; 6. A recitação da oração Anima Christi; 7. O ensino e o aprendizado de qualquer matéria de doutrina cristã; 8. O uso de um objeto piedoso (crucifixo, cruz, terço, escapulário, medalha) bento por um sacerdote. Se for bento

pelo Papa ou por um Bispo, o fiel que o usar devotamente pode ganhar indulgência plenária no dia da festa de São Pedro e São Paulo, acrescentando, com qualquer fórmula legítima, a profissão de fé.

Para o bem das almas
e a maior glória de Deus,
este livro foi impresso no ano de 2025,
para a Quadrante Editora, de São Paulo.

OMNIA IN BONUM